Dra. Sandrà Staff

ELA DESPERTOU PARA AJUDAR OS SERES

O GUIA DE OURO DAS PRÁTICAS MEDITATIVAS

PORTAIS

COM BASE EM NEUROCIÊNCIAS E TÉCINICAS SAGRADAS MILENARES

Editora

Nova Consciência

Dra. Sandrà Staff

ELA DESPERTOU PARA AJUDAR OS SERES

O GUIA DE OURO DAS PRÁTICAS MEDITATIVAS

PORTAIS

COM NEUROCIÊNCIAS E TÉCNICAS SAGRADAS MILENARES

DADOS TÉCNICOS DE PUBLICAÇAO

PORTAIS: O GUIA DE OURO PARA PRÁTICAS MEDITATIVAS

Editorial
Sandrà Staff

Edição
Sandrà Staff

Projeto Gráfico e Diagramação
Sandrà Staff

Capa
Sandrà Staff
Imagem - canva editor

Revisão
Sandrà Staff

Prefácio
Maria José B. Gomes

Dados Internacionais de Catalogação na Publicação (CIP)

(Câmara Brasileira do Livro, SP, Brasil)

Sam, Sandra
PORTAIS: O GUIA DE OURO DAS PRÁTICAS MEDITATIVAS/ Sandrà Staff –
Birigui/:São Paulo, 2020

ISBN: 9786500559255

1.Ciencia - Neurociências 2. Metafísica – Saúde 3. Educação – Metodologia Prática 4.
Desenvolvimento Pessoal 5. Cultura Oriental – Práticas Meditativas.

CDU 370.113.14

Minha gratidão,

Deixo expresso aqui meus agradecimentos em primeiro lugar a Deus o criador de todas as coisas, a todos os seres de luz, as hierarquias da Luz, e a Jesus Cristo, os quais vêm me guiando sempre, fazendo com que eu chegasse a esta etapa da minha vida, uma nova vida, transformada por uma metamorfose interior intensa adquirida pelo ardente desejo de fluir sair da estagnação onde me encontrava até ser despertada para essa energia vital que nos rodeia amorosamente, gratuitamente, a qual vem refinando-me nesse processo contínuo de evolução, embora, de maneira sutil. Agradeço aos meus pais Divina e Geraldo que foram meus portais de entrada para esta experiência terrena. Gratidão aos meus 4 irmãos consanguíneos. Gratidão a esta voz interior por contribuído para o meu novo estilo de vida com amor, fazendo com que eu possa contribuir também para a evolução de outras pessoas, assim como contribuir para a elevação do padrão vibratório do planeta. Gratidão aos meus filhos amados: Karise Fredy, Fernando e Pedro pela compreensão do meu desejo de me descobrir, evoluir e me transformando. Agradecendo também ao meu amado esposo Edilson Silva, pela paciência e apoio durante a conclusão deste projeto.

Sandrà Staff

SUMÁRIO

APRESENTAÇÃO 17

ALGUMAS ORIENTAÇÕES 19

INTRODUÇÃO 20

Capítulo 1 21

MESTRES NA ESSÊNCIA 22

    MESTRE MAHARISH MAHESH - MEDITAÇÃO TRANSCENDENTAL 23

    MESTRE DADA LEKHRAJ KRIPALANI - MEDITAÇÃO RAJA YOGA 24

    MESTRE YOGI BHAJAN - MEDITAÇÃO KUNDALINI YOGA 25

    MESTRE YOGAANANDA - KRIYA YOGA 26

    MESTRE BUDA GOTAMA – MEDITAÇÃO VIPASSANA 27

    MESTRA MONJA COEN – MEDITAÇÃO ZAZEN 28

    MESTRE SWAMI CHINMAYANANDA – MEDITAÇÃO VOCAÇÃO SAGRADA 29

    MESTRE SWAMI BHAJANANDA – MEDITAÇÃO JAPA 30

    MESTRE MAHARISHI VETHATHIRI - KUNDALINI YOGA SIMPLIFICADA 31

    MESTRE OSHO - MEDITAÇÃO ATIVA 32

    MESTRE MIKAO USUI – MEDITAÇÃO GASHO E OS 5 PRINCIPIOS 33

    MESTRE JOEL GOLDSMITH – O CAMINHO INFINITO 34

    MESTRE DALAI-LAMA – MEDITAÇÃO SEM CRENÇAS 35

    MESTRE JESUS – MEDITAÇÃO DO EU SOU..36

Capítulo 2 38

A ESSÊNCIA PRECEDE A MATÉRIA 38

....38

A ESSÊNCIA PRECEDE A MATÉRIA 39

    A ESSÊNCIA TEM CORES 39

    AS CORES DA ESSENCIA E OS MESTRES 41

    O CORPO INVISÍVEL DO SER 42

    OS VÓRTEX INVISÍVEIS DO SER? 43

    A ESSENCIA NOS MUDRAS 50

    A ESSENCIA NOS MANTRAS 56

OS BENEFÍCIOS DOS MANTRAS 58

Capítulo 3 71

A CIÊNCIA E A ESSÊNCIA NA MEDITAÇÃO 71

A CIÊNCIA E A ESSÊNCIA NA MEDITAÇÃO 72

    FATOS CIENTÍFICOS 74

    A ESSENCIA NA APRENDIZAGEM 87

8 MOTIVOS ESSENCIAIS 95

Capítulo 4..98

MERGULHAND O NA ESSÊNCIA 98

MERGULHANDO NA ESSÊNCIA 99

    MEDITANDO NA ESSENCIA 100

    O MESTRE INSTRUTOR 101

    AULAS INICIÁTICAS...103

    A IMPORTANCIA DA VERIFICAÇÃO 104

Capítulo 5..106

PRÁTICAS PARA JOVENS E ADULTOS 106

PRÁTICAS PARA JOVENS E ADULTOS 107

    MEDITAÇÃO TRANSCENDENTAL 107

    MEDITAÇÃO ZAZEN 109

    MEDITAÇÃO VIPASSANA/MINDFULNESS 110

    MEDITAÇÃO PARA DISSOLVER QUALQUER DOR..111

    MEDITAÇÃO DE REPETIÇÃO 112

    MEDITAÇÃO DO CADERNO MÁGICO 113

    MEDITAÇÃO DA CHUVA CRÍSTICA 113

    MEDITAÇÃO CONTROLE DA MENTE..114

    MEDITAÇÃO DO CORPO DE LUZ 115

    MEDITAÇÃO DO PERDÃO 116

    MEDITAÇÃO DA CACHOEIRA COR DE ROSA 118

    MEDITAÇÃO DE PROTEÇÃO..119

   119

   119

    MEDITAÇÃO DINAMICA...119

    MEDITAÇÃO DO SOM...122

    MEDITAÇÃO DO EU SOU 122

    MEDITAÇÃO DO CIRCULO MÁGICO 123

    MEDITAÇÃO DO SOL..124

    MEDITAÇÃO DO CÃOZINHO DE PANO...125

MEDITAÇÃO DA RESPIRAÇÃO...126

MEDITAÇÃO DA ESCADA 126

MEDITAÇÃO AMIGUINO MAGO 127

MEDITAÇÃO GUIADA 129

MERGULHEI, E AGORA? 129

NAVEGAR COM TRANQUILIDADE...131

"O FIM É APENAS O COMEÇO"...133

PREFÁCIO

Quando, ainda em 2014 conheci o ser de Luz Sandra, foi amor à primeira vista, um encontro de almas. De lá até os dias de hoje tenho o prazer de acompanhar sua trajetória pessoal e profissional tão grandiosa e amorosa. É com a emoção na flor da pele que estou a prefaciar: Portais Para Essência - O Guia de Ouro para Práticas Meditativa.

A verdadeira amiga, poeta, escritora, terapeuta e mestra, nessa obra nos convida com responsabilidade, afetividade e amorosidade, a despertar nossa verdadeira percepção sobre a importância da grandeza do ser, quer pelos afetos verdadeiros e autênticos da existência humana, quer pela vivência diária, quer pelo conhecimento científico, quer pelo o conhecimento dos mestres e seus escritos sobre o poder da meditação para uma comunicação não violenta com diálogos conscientes para transformar o mundo.

Este livro é um instrumento de cunho científico, metafísico e educacional favorecendo o autoconhecimento para aquelas pessoas que desejam resgatar a paz interior e a auto realização plena.

Por fim, quero agradecer a oportunidade dada pelo o universo e as boas energias que fluem. Esse momento não poderia ser mais bonito ou significativo, lembrando que: "Somos seres humanos amados e amantes, cada um com sua dor e flor, em busca de um grande amor, amor pela essência e veemência de ser."

Sandra, minha amiga irmã muita gratidão!

Maria José Barroso Gomes – A Zezé

APRESENTAÇÃO

E agora? Você certamente já se fez essa pergunta em algum momento da sua vida. Não importa se você tem hoje 8 ou 80 anos de idade essa é uma pergunta clássica, porém um sinal de que algo saiu do seu controle.

De olhos estatelados atrás do pé de bananeira eu chorava morrendo de medo de ser encontrada por mamãe que fazia uma verdadeira varredura na vizinhança para me encontrar e castigar.

Eu meio tonta ainda por causa da fumaça do cigarro do papai que eu acabara de fumar tremia da cabeça aos pés com medo das consequências da minha curiosidade.

No meio das arvores, na mata a pergunta que me martelava a cabeça era: e agora? Meu desejo era sentir o mesmo prazer que meu pai emanava quando se sentava na varanda á noite depois do jantar.

Toda noite papai era invadido por suspiro profundo de apreciação. Era como se ele esquecesse de toda a força física depositada no trabalho pesado que realizava na plantação da fazenda. Ele inspirava, expirava e suspirava plenamente.

A imagem do papai com sua barba abundante, prateada e seus olhos escuros como bolinhas de gude brilhantes era a única coisa que me enchia de coragem para voltar para casa e encarar os gritos e chacoalhões, as marcas da goiabeira nas minhas pernas, mas principalmente o que mais me afligia era a cara de decepção e raiva da mamãe por minha travessura. Estas imagens sempre saltam da minha mente nos pesadelos. Hoje acordei como muitas manhãs com esta lembrança da minha infância enraizada nos meus sonhos mesmo depois de tantos anos.

O que me traz memórias como esta, mesmo depois de tanto tempo? O que me faz reviver este momento do passado, assim como outros desagradáveis como se fosse realidade? Esses sonhos, de onde eles veem? Porque é tão difícil me manter aqui neste mundo, quero dizer, nesta realidade física? Porque eu sempre tive a impressão de que eu não sou deste mundo? Afinal, de onde eu venho? De onde os seres humanos vieram? São tantas teorias, como a de Darwin, o Big Beng., a teoria do Adam Cadmo. De onde nós viemos de verdade?

Acredito fielmente que: "para tudo que você busca há alguém a procura" e para toda pergunta existe uma resposta.

Com o desejo por respostas e do desejo de melhorar sempre as respostas virão da inteligência infinita até você. Digamos que "o cosmos conspira ao nosso favor". Com a certeza de que estamos no lugar certo, no momento certo e crendo que "eu sou eu porque você é você", te dou as boas vindas com a honra de partilhar de meu amor que me impregnou durante toda a minha jornada até aqui e da energia cósmica que é puro amor, que é curativa, reveladora e transformadora.

Estas páginas são o resultado do navegar entre as estrelas para dar os pilares necessários a você que irá mergulhar nas Práticas Meditativas e viajar por todos estes portais a fim de se conectar com a essência.

Aqui você irá encontrar uma roda gigante, fruto de muitas pesquisas científicas, irá conhecer vários mestres espirituais importantes que criaram e difundiram práticas meditativas e tudo isso revelado de experiências vivenciadas em processos de imersão nas dores e problemas da humanidade a fim de trazer formas eficientes de ser feliz com atenção plena aos desafios e surpresas, nesta experiência terrena.

Meu objetivo mais puro é compartilhar de forma clara e simples algumas das Técnicas e Práticas Meditativas mais poderosas e fazer você ir além, não uma, mas, várias viagens surpreendentes pelos portais para a essência.

Que a partir deste momento sua pergunta "e agora"? Seja substituída alegremente pela afirmação "vamos lá! Que o amor acompanhe sua jornada.

Sandrà Staff

ALGUMAS ORIENTAÇÕES

Desejamos que sua experiência com este mergulho lhe traga sensações, materializações e expansões inéditas em sua vida.

Ao final de cada capítulo há uma poesia, pedimos que ao terminar cada capítulo Inspire, Expire, lenta e profundamente, leia a poesia e feche os olhos por alguns minutos e deixe fluir.

Com este simples exercício você conseguirá memorizar e alimentar suas células com a Luz encapsulada nas palavras deste recheado de práticas meditativas.

Experimente cada uma das meditações com uma única expectativa, se conectar com o "vazio".

Tenha uma excelente viagem, um excelente mergulho nos vários portais para a essência.

INTRODUÇÃO

Da vontade de viver e da paixão pelo desenvolvimento humano fui despertada com várias perguntas como aquela "e agora?" surgindo ao longo destes 8 anos após mergulhar nas práticas meditativas. Perguntas tais como: Como ser feliz neste mundo? Como ser mais saudável? Como se relacionar melhor com as pessoas a nossa volta? Como exercer o trabalho que realmente desejamos? Como melhorar a memória, armazenar mais conhecimento e com eles produzir resultados positivos para a própria vida e a sociedade? Como elevar o nível de felicidade e manter este estado ao tempo em que desenvolvemos nossos projetos e atividades durante a nossa vida aqui na terra?

Existe um manual onde possamos aprender como funciona este mundo onde estamos inseridos? Porque tantas pessoas sofrem e tão poucas conseguem despertar para suas habilidades e fazer com que seus potenciais aflorem para que assim se destaque no meio da multidão de mais de 7 bilhões de habitantes neste planeta?

Respostas aparecerão ao longo deste trabalho, se não todas, pelo menos saberemos um caminho a seguir para nós mesmos irmos desvendando cada questionamento emergente ao longo da nossa história.

As práticas meditativas vêm proporcionando soluções e um despertar para mais e mais perguntas aos meditadores a milênios de anos e você leitor terá aqui alicerces da ciência neste guia prático de uso pessoal para dar início a este leque de possibilidades para cada um de seus questionamentos de vida.

Firmo aqui o convite para que você possa se banhar nestas páginas onde o foco engloba a Neurociência, a Aprendizagem e as técnicas milenares de Meditação, trazendo com clareza cada fato comprovado cientificamente e aí sim, fazer você mergulhar profundamente nas páginas da sua própria história, navegando em cada ligação neuronal e suas conexões por meio das práticas meditativas a fim de encontrar a tão desejada verdadeira felicidade.

Inspire, expire, feche os olhos, leia o poema a seguir e deixe as mudanças neuronais fluírem amorosamente.

Capítulo 1
Mestres na Essência

Eu estou aqui

Eu estou aqui, aqui dentro a ti alhar

Olá sou eu aqui, eu te vejo como estás

Por vezes eu vou batendo nas paredes para te chamar

Só escuto seu silêncio nos meus gritos a ecoar

Por favor me faça um gesto

Acene ao menos que entendeu

Estou aqui brilhando, te mostrando quem sou eu euuu

uoooohom, uoooohom, uoooohom, oooohom, Aaha-ha

Eu estou aqui, e quero te ajudar

A transformar suas paredes numa grande mesa de jantar

Você sabe lá no fundo, por mais que se esqueceu

Levante as mãos no ar, me diz que compreendeu

Nos meus gritos a doce ordem: enxergue quem sou eu heuuu

(Poema de: Sandrà Staff)

MESTRES NA ESSÊNCIA

O que é essência? O que é essencial em sua existência?

Você já parou para meditar?

A palavra Meditação vem do latim "meditari". Meditação é se conectar com o campo de pura energia, silenciar a mente e deixar que os caminhos neurais se cruzem, e expandam e se fortifiquem, por meio do silencio.

Cruz 2010, aponta que há mudanças na estrutura e funcionamento cerebral, ocasionando maior foco de atenção e concentração, melhora na retenção de informações e, consequentemente na memória e a ativação do córtex pré-frontal, responsável pelo controle das emoções e noção de causalidade (freio inibitório), por exemplo, possibilitando ao indivíduo frear ações que considera inadequadas ou indesejadas, auxiliando também na aprendizagem de um novo modelo de ação.

Existem vários tipos de meditação, de acordo com suas filosofias de vida respectivas, foram sendo difundidas por Mestres e são verdadeiros portais para este contato com a Essência. A essência é tudo, está em tudo e os portais estão abertos.

Vamos apresentar agora alguns mestres e suas essências.

MESTRE MAHARISH MAHESH - MEDITAÇÃO TRANSCENDENTAL

Fonte: Elaine Woo - 16 de setembro de 2014

Meditação Transcendental (MT) é uma técnica de meditação introduzida em 1958 por Maharishi Mahesh Yagi que envolve o uso mental de sons específicos chamados mantras, que se crê terem propriedades psicoativas. De acordo com Maharishi, a técnica permite que a mente do praticante "transcenda", atingindo um estado de "vigilância tranquila", sem recurso a concentração ou a pensamento ativo, como sucede em outras técnicas. Também conhecida como Meditação Consciente. "Se você é fã dos Beatles, provavelmente já ouviu falar na relação dos músicos com o fundador da MT, o guru Maharishi Mahesh Yogi. Foi em parte graças à empolgação do grupo com a prática que a meditação transcendental virou moda no Ocidente. "Estudos científicos da MT mostram por exemplos que os cérebros das mulheres da pesquisa mostraram um padrão bem diferente do estado de descanso". Maharishi Mahesh deixou um legado de muitas pesquisas científicas na atualidade. São centenas de projetos e instituições como Associação de Psicologia, Educação, Centro médicos de estudos sobre coração, faculdades de medicina, institutos de saúde americanos, jornais de medicina, e várias universidades vem comprovando e difundindo os benefícios da Meditação Transcendental pelo mundo todo.

Desperte, pois, são mais de 7 milhões de praticantes em todo o mundo em mais de 100 países com mais de 650 comprovações científicas sobre os benefícios para o ser humano nos níveis físico, mental e emocional. Mais de 60.000 instituições de ensino no Brasil inseriram as práticas meditativas em suas atividades. Estamos aqui para criarmos novos caminhos.

MESTRE DADA LEKHRAJ KRIPALANI - MEDITAÇÃO RAJA YOGA

Fonte: Bindiya Gandhi, M.D

Mestre da instituição Brama Kumaris, por meio da meditação Raja Yoga, você pode abandonar os velhos padrões de influência e recriar-se para ser como quer ser. Esse é o poder do Raja Yoga. Essa antiga prática de meditação traz domínio sobre seus poderes naturais e treina sua mente para que seja sua amiga. Você não é a sua mente; você não é o seu corpo. Você tem uma mente e um corpo. Essas 'ferramentas' às vezes funcionam bem e outras vezes podem precisar de calma e de exercício para retomarem o caminho saudável.

"A Brahma Kumaris é um movimento espiritual mundial dedicado à transformação pessoal e à renovação do mundo. Fundada na Índia em 1937, difundiu-se por mais de 110 países em todos os continentes, tendo um amplo impacto em muitos setores como uma ONG internacional".

A meditação Raja Yoga é uma forma de meditação acessível às pessoas de todos os contextos. É uma meditação sem rituais ou mantras e pode ser praticada em qualquer lugar, a qualquer momento. É praticada com os olhos abertos, o que torna esse método flexível, simples e fácil de praticar. Meditação é um estado em que se permanece além da consciência do dia a dia, a partir de onde começa o fortalecimento espiritual. (fonte: Brama Kumaris, 2020)

MESTRE YOGI BHAJAN - MEDITAÇÃO KUNDALINI YOGA

Fonte: Abaky - 2018

O Mestre Yogi Bhajan é conhecido como o Professor aquariano. Difusor da Kundalini Yoga, uma ciência milenar sobre a arte de lidar com a expansão da consciência, acordando e fazendo subir a energia kundalini pelo canal da espinha vertebral, atravessando e ativando os centros de energia denominados de chakras. Essa realização é feita misturando e unindo Prana (energia cósmica) com Apana (energia de eliminação) gerando assim uma pressão que força a subida da kundalini através da coluna utilizando-se Pranayamas (exercícios respiratórios), Bhandas (contrações corporais), Kryias (jogos completos de exercícios) e utilizando-se Asanas (posturas), Mudras (gesticulação com mãos, dedos ou braços) e Mantras (palavras cantadas). Sua frase típica era "Não me amem, amem meus ensinamentos. Sejam 10 vezes melhores que eu."

O tempo passa e temos a sensação de que nossa vida está passando por nossas mãos e não estamos progredindo, sentimos que poderíamos fazer muito mais com o nosso tempo e, embora tentemos com todo o coração, passamos o dia em atividades que passam despercebidas, coisas que não acontecem. Eles geram satisfação para a nossa alma. (fonte: Frase de Yagi Bajam 29/07/1997, Sabedoria Aquariana)

MESTRE YOGAANANDA - KRIYA YOGA

Fonte: Unknown, 2013

Técnica de Kriya Yoga: a Kriya é uma avançada técnica Raja Yoga de pranayama (controle da energia vital) que reforça e revitaliza as correntes sutis de energia vital (prana) na espinha dorsal e no cérebro. Os antigos videntes da Índia (rushes) perceberam que o cérebro e a coluna vertebral constituem a árvore da vida. Pelos sutis centros cerebrospinais de vida e consciência (chakra) flui a energia que dá vida a todos os nervos, órgãos e tecidos do corpo. Os iogues descobriram que, movimentando continuamente para cima e para baixo a corrente vital (prana) ao longo da coluna vertebral com a técnica especial de Kriya Yoga, podemos acelerar enormemente nossa evolução espiritual.

A melhor coisa que você pode fazer para cultivar a verdadeira sabedoria é praticar a consciência de que o mundo é um sonho.

Param hansa Yogananda (fonte: O Pensador)

MESTRE BUDA GOTAMA – MEDITAÇÃO VIPASSANA

Fonte: Roosevelt Carlos Abbado malto – Cura e Ascensão.

Vipassana significa "insight", ver as coisas como elas realmente são. Tendo sido ensinada na Índia há 2500 anos por Gautama, o Buda, a Meditação Vipassana está ligada ao Budismo, sendo praticada por todos independentemente de crenças religiosas. Enquanto as práticas da Meditação variam de tradição em tradição, o princípio subjacente é a investigação e o entendimento dos fenômenos manifestados nos 5 agregados, nomeados como apego à forma física, sensações ou sentimentos, percepção, formações mentais e consciência. Este processo é um caminho para a experiência da percepção direta; Vipassanā.

Uma das riquezas que Buda nos deixou foi:

O caminho que conduz à destruição da dor é o nobre caminho das Oito Sendas:
Fé perfeita, Vontade perfeita, Palavra perfeita, Ação perfeita, Meios de existência perfeitos, ligação perfeita, Memória perfeita, Meditação perfeita. Se tem a Fé perfeita, não terá os horrores da incerteza. Se tem a Verdade perfeita, não o alcançarão as misérias da fraqueza. Se tem a Palavra perfeita, não molestará com linguagem venenosa. Se tem a Ação perfeita, não ofenderá com o gesto inconsequente. Se tem a Profissão perfeita, não perturbará a existência do próximo. Se tem a Aplicação perfeita, colherá resultados perfeitos. Se tem a Meditação perfeita, criará pensamentos puros.

MESTRA MONJA COEN – MEDITAÇÃO ZAZEN

Fonte: Zen do Brasil

Representado no Brasil atualmente por Cláudia Dias Baptista de Souza ou Monja Coem, a prática do zanze consiste basicamente em sentar-se em uma posição confortável, com a coluna ereta, em períodos de até 40 minutos, intercalados com meditação andando (Kinhin). Durante esse tempo deve-se procurar observar os pensamentos e sensações que surgem, sem buscar reprimi-los, causá-los ou julgá-los. É tradicional o uso de zagu e zamboto como almofadas, na qual o praticante fica sentado. Trazida do budismo (Xaquiamuni Buda) e teve origem na china. Hoje a Monja Coem, mais de um milhão de seguidores nas redes sociais, é autora de 08 livros e é uma palestrante super requisitada no Brasil e no mundo.

O que nos chama ao coração é sua forma simples e leve de tratar assuntos os assuntos simples e complicados da humanidade. Ela se inspira na frase de Mahatma Gandhi: "Temos que ser a transformação que queremos no mundo".

MESTRE SWAMI CHINMAYANANDA – MEDITAÇÃO VOCAÇÃO SAGRADA

Fonte: Priyanka Shah, 2017

"A meditação tem sido glorificada como a vocação mais sagrada por Sami Chinmayananda. Apenas os humanos são capazes de o maior esforço, pelo qual eles podem apressar a sua própria evolução. Ao preparar-nos para a meditação, devemos primeiro adquirir a capacidade de olhar para dentro. Você deve aprender a ir sobre sua rotina diária e ininterruptamente observar a mente. Que seja um observador silencioso do funcionamento da sua vida interior e estimar os motivos, intenções e propósitos que estão por trás de seus pensamentos, palavras e ações."

APAIXONE-SE PELA VIDA

Não pelas coisas e seres que passam por ela. Seja apaixonado por viver!

Não fique satisfeito com uma vida superficial limitada aos prazeres sensoriais. Procure por tesouros escondidos sob o mundo do pensamento.

Construa para si mesmo um Templo da Paz que nenhum homem pode tomar, nenhum poder pode destruir. Com uma vida em harmonia, encontre a sua alegria em si mesmo exatamente onde você está agora.

Swami Chinmayananda (fonte: yogaemcasa.net, junho de 2017)

MESTRE SWAMI BHAJANANDA – MEDITAÇÃO JAPA

Fonte: Rama Krishna Match & Rama Krishna Mission, Belur Math, 9 de jul. de 2001

Para Swami Bhajananda, "a meditação não é uma disciplina totalmente independente, mas um estágio em concentração comum a quase todos os caminhos espirituais. Em cada caminho, o aspirante começa com um grande número de pensamentos na mente. Estes tornam-se gradualmente reduzidos, e o aspirante atinge um estágio em que existe apenas um pensamento na mente." Ele defende a técnica de Japa, suas formas e os aspectos espirituais da constante repetição de um nome sagrado. Japa em sânscrito significa repetição e a técnica japa consiste em repetir um mantra ou palavra sagrada. Os benefícios desse método são: ajuda a acalmar a mente, aumenta a concentração, a produtividade, a energia e a alegria de viver. Swami Bhajananandaji é o Secretário Assistente da Missão Rama Krishna Math e Rama Krishna, Belur Math, Calcutá. Ele defende que a meditação com repetição de mantras ou nomes divinos é um dos melhores métodos, já que nos ajuda a manter a mente focada em um só ponto, o mantra.

. A meditação é uma tentativa de isolar o ser e descobrir o Não Criado ou o Absoluto, que é o que a humanidade está tentando buscar através atividade criativa. A meditação é um movimento em direção à unidade e à paz.

Swami Bhajanananda (Fonte: O pensador, 2013)

MESTRE MAHARISHI VETHATHIRI - KUNDALINI YOGA SIMPLIFICADA

Fonte: vethathiri.edu

"A meditação é um método científico de melhorar a capacidade da mente. Ela corrige a mente em uma força magnética, melhorando a capacidade de se concentrar. Esta é a chave para a auto realização." Ele criou a meditação simplificada do Kundalini Yoga. Vethathiri Maharishi alegou sintetizar uma ciência completa da vida para o bem da humanidade através de: meditação simplificada do Kundalini Yoga, exercícios físicos, Kaya Kalpa Yoga e introspecções. "Vethathiri se esforçou para encontrar respostas para três perguntas: "O que é Deus?" "O que é a vida?" "Por que a pobreza está no mundo?".

- Ele escreveu cerca de 80 livros, muitos dos quais se tornaram livros acadêmicos.
- Na tradição filosófica indiana, sua filosofia corresponde a conselhos puros.
- Escreveu mais de 2000 poemas sobre assuntos filosóficos.
- Escreveu cerca de 80 livros em tâmil e inglês

A ciência da vida de Vethathiri (Vethathiriyam)
Ele afirmou que um profundo entendimento da natureza é essencial para viver em harmonia com a lei da natureza, equilibrando o bem-estar material com o progresso espiritual.

MESTRE OSHO - MEDITAÇÃO ATIVA

Fonte: Bianca Nunes – Super interessante, 7 de maio de 2018

Rajneesh Chandra Mohran Jain (1931-1990), Osho dizia: "Somos deuses e deusas, apenas nos esquecemos disso". Ele foi o criador da meditação ativa que tem o objetivo de acordar a energia vital adormecida dentro de nós. Com esta prática de movimentações corporais, como dança, respiração e emissão de sons que consequentemente liberam bloqueios, com esta movimentação intensa o estado meditativo é mais profundo no silencio interior. Ele criou estas técnicas ao observar que os ocidentais encontram um estado mental caótico ao sentarem-se para meditar. A meditação kundalini (em sânscrito quer dizer energia vital ou energia sexual) esta energia nos conecta a máxima energia da criatividade. "Com total dedicação, ele criou a Fundação Rajneesh. Basicamente, essa Fundação se tratava de um movimento considerado uma mistura de diversas tradições da Índia". Mudou seu nome para Osho, que em japonês designa um alto sacerdote budista e até o final da sua vida terrestre teve cerca de 300 mil seguidores. Sua popularidade foi tão grande e tão controversa para as autoridades que teve que sair da índia por questões políticas e morar nos estados unidos, retornando para a índia após ter sido extraditado dos estados unidos, fazendo sua passagem cinco anos após seu retorno a índia. Deixou várias técnicas de meditação como por exemplo, Kundalini, Dinâmica, Nada Brahma, Nataraj, Mandala, Chakra Sounds entre outras. Sua maior missão era fazer o ser humano encontrar o amor –

"Minha palavra para oração é amor. Esqueça a palavra oração, substitua por amor",

pregava Osho".

MESTRE MIKAO USUI – MEDITAÇÃO GASHO E OS 5 PRINCIPIOS

Fonte: Alquimia da Alma. Nisete Machado, 6 de março de 2018

Dr. Mikao Usui, nascido no Japão em 15 de agosto de 1865-1926. Tinha a Meditação Gassho como sua base. Padre, professor, monge budista reitor da universidade em Kyoto no Japão. Foi o Redescobridor e difusor da Técnica Vibracional Reiki que era usada por Buda para curar. Gassho significa "duas mãos que caminham juntas". É recomendável praticá-la logo ao levantar ou antes de deitar, durante 15 a 20 minutos, todos os dias. Em 1908, no Japão, Mikao decidiu empreender um período de jejum e meditação de vinte e um dias, como faziam os antigos mestres, a fim de purificar-se para receber uma visão que o esclarecesse. Depois de um longo jejum, Mikao teve uma visão, onde vislumbrou uma intensa luz branca que o golpeou de frente, projetando-o para fora do corpo e, sentindo a consciência profunda em comunicação com o seu "Eu" mental, ao abrir totalmente sua consciência, pôde ele ver muitas luzes em formas de bolhas coloridas contendo em seu interior, símbolos sagrados, e, através da comunicação que estava recebendo, foi-lhe dada a compreensão dos significados e a utilização dos mesmos. Ele deixou-nos os 05 princípios: para cura do corpo e evolução espiritual:

- Apenas por hoje, não me irrito
- Apenas por hoje, não me preocupo
- Apenas por hoje, sou grato
- Apenas por hoje, trabalho com afinco
- Apenas por hoje, sou amável e gentil com todos os seres

MESTRE JOEL GOLDSMITH – O CAMINHO INFINITO

Fonte: The Infinite Way. Established by Joel S. Godsmith

Joel Soloman Goldsmith, 1892-1964, foi o mais respeitado místico ocidental do século XX. Fundou, nos Estados Unidos, um movimento espiritual denominado O Caminho Infinito. Um grande difusor da meditação como uma poderosa técnica pra despertar o ser humano para sua verdadeira natureza. Ele escreveu em seu livro a Quarta Dimensão da Vida: "existe um Espírito em nós, uma Chispa divina que denominamos o Cristo, que nos eleva à Quarta Dimensão da vida – a um estado de Consciência em que não mais vivemos pelos esforços pessoais, pela sabedoria, pelo poder ou pela saúde pessoal – no qual somos investidos de um Poder que nos vem de dentro do Reino de nosso próprio ser". Joel escreveu 33 livros e sua missão era fazer o homem deixar de ser humano até alcançar a espiritualidade plena.

.... Um único momento em nossa vida pode ser de importância decisiva. Muitos terão feito experiências parecidas com a que eu realizei no fim do ano 1928, quando fiz uma meditação em companhia de um verdadeiro iluminado - e veio sobre mim o espírito e me elevou acima daquilo que se chama "o mundo". Depois deste acontecimento, as coisas do mundo perderam para mim a sua força de atração. A partir daí toda a minha vida se desenrola no ambiente dos livros sacros e do meu Eu interior, auxiliado por escritos filosóficos e místicos e pela comunhão com pessoas que trilham a senda espiritual. Todo o resto da minha vida se eclipsou. (Joel Goldsmith)

MESTRE DALAI-LAMA – MEDITAÇÃO SEM CRENÇAS

Fonte: O Pensador, 2005

Lhamo Thondup, o Dalai-lama nascido em 1935, é chefe de estado e líder espiritual do budismo tibetano. É o título de uma linhagem de líderes religiosos da escola Gelug do budismo tibetano. Grande difusor da Paz e da arte de meditar uma das frases mais impactantes é: "Só existem dois dias no ano que nada pode ser feito. Um se chama ontem e o outro se chama amanhã, portanto hoje é o dia certo para amar, acreditar, fazer e principalmente viver." Dalai Lama é autor do libro "Beyond Religion" ("Além da religião"), em que descreve como meditar, de modo independente de qualquer tradição espiritual. E afirma que "apesar de tudo, a disciplina mental em si não exige nenhum compromisso de fé. Ela só requer um reconhecimento de que desenvolver uma mente mais calma e clara é um esforço que vale a pena, e uma compreensão de que fazer isso irá beneficiar tanto a própria pessoa quanto os outros. A técnica de meditação sem crenças religiosas".

Por um lado, ter um inimigo é muito ruim. Perturba nossa paz mental e destrói algumas de nossas coisas boas. Mas, se vemos de outro ângulo, somente um inimigo nos dá a oportunidade de exercer a paciência. Ninguém mais do que ele nos concede a oportunidade para a tolerância. Já que não conhecemos a maioria dos cinco bilhões de seres humanos nesta terra, a maioria das pessoas também não nos dá oportunidade de mostrar tolerância ou paciência. Somente essas pessoas que nós conhecemos e que nos criam problemas é que realmente nos dão uma boa chance de praticar a tolerância e a paciência.
(Dalai Lama - O pensador 2005)

MESTRE JESUS – MEDITAÇÃO DO EU SOU...

Fonte: Vinicius Vieira, 04 de 2018

Seu nome é Jesus de Nazaré, nascimento 7-2 na Judeia, Império Romano. Morte 30-33, seus progenitores são Jose e Maria, suas profissões: Carpinteiro, Profeta Itinerante e Rabino, (até aqui os dados históricos são da fonte Wikipédia online). Um dos maiores ícones do ocidente, Jesus de Nazaré ou de Belém, o Maior mistério da humanidade cristã. Considerado por milhões o grande divisor de águas da história dos cristãos. Na era que pregava a filosofia do "Dente por dente, olho por olho", ele veio rasgar os véus e mostrar que há outras possibilidades. Sua missão foi mostrar o amor, o amor de palavras e ações. Muitos consideram-no como agente da paz enquanto outros os veem como um portal de transformação. Acredito que ele veio nos despertar para a realidade de quem somos de verdade. Ele dizia: "Vós sois deuses". "Vós podereis fazer mais que a eu mesmo. Vá, e cure os doentes". Sempre que dizia algo colocava o Eu Sou no início da frase como por exemplo: Eu Sou a ressurreição e a vida. Eu sou o caminho. Eu sou a Verdade. Eu sou a Vida. Eu sou a água viva. Eu sou o salvador. Sabemos que a história conta que Jesus de Nazaré foi crucificado, porém, ele era de um poder alquímico ilimitado e afirmava em seus discursos "Ninguém vai ao pai se não por mim", o que nos faz pensar em sua convicção de ele era filho de Deus e, portanto, poderia tudo.

Há alguns trechos na bíblia que mostram que Jesus também tinha o hábito de Meditar e incentiva as pessoas a fazerem o mesmo. Vamos ver alguns exemplos:

Em (Mateus 4:1-11) 4 "Jesus foi então conduzido pelo espírito ao ermo, para ser tentado pelo Diabo";

No livro As Cartas de Cristo 2, na página 15 está escrito: "Eu me distanciei por um instante da pressão das pessoas, indo as colinas rezar e meditar, buscando recarregar minhas baterias espirituais, fazendo uma profunda, forte e poderosa conexão com o Pai";

Em Cartas de Cristo 3, na página 04 está o relato de Jesus: "Quando o sol brilhava, o céu estava limpo, azul claro e comecei a subir as colinas com meus discípulos para meditar e orar".

Também em Cartas de Cristo 4, na página 19, Jesus diz: "Neste momento talvez não saibam como fazê-lo, mas a meditação trará a suas mentes inspiração sobre a melhor forma de utilizar seus poderes de lideranças e seus talentos para a felicidade de todos".

"Sua única limitação é a quantidade de tempo e energia que você está disposto a meditação sobre sua FONTE DE SER, abrindo sua consciência humana para entrar dentro dela e recebe-la em sua mente". Jesus diz em Cartas de Cristo 4, página 8.

Em Cartas de Cristo 5, na página 3 Jesus diz: "Estou aqui para dizer que, quando tiver purificado sua consciência dos grosseiros pensamentos e sentimentos humanos, próprios do impulso do ego, e preservar na meditação e em uma elevação de consciência em direção ao UNIVERSAL, você começará a sentir o pode espiritual invadindo sua mente e finalmente todo o seu corpo."

Ainda em Cartas de Cristo 5, na página 5 Jesus cita a importância da meditação: "Diariamente a oração e a meditação sincera permitirão a você alcançar a purificação mental, e, gradualmente, a VERDADE e a COMPREESÃO substituirão alguns mitos que foram tão importantes para você algum dia".

A Meditação ganhou várias definições ao longo do tempo como conferimos, várias metodologias e até hoje surgem técnicas e mais técnicas para fazer a conexão com a ESSÊNCIA QUE NÓS SOMOS. São milhares de técnicas para nos transportar para fazer este mergulho e assim como há inúmeras fragrâncias de perfumes sempre há uma essência em cada frasco.

"Seu destino final é de reconhecer a SUA onipresença, tanto dentro de você como em todas as suas atividades diárias". (Cartas de Cristo 6)

Capítulo 2

A ESSÊNCIA PRECEDE A MATÉRIA

DAR À LUZ

Partindo-te a cabeça

Perfurando-te o peito

Implodindo-te as entranhas

Assim, te tornas um genitor da luz

Religando-te aos seus espaços

Do seu centro perfurado, do alto a baixo

Das mil cores eclodidas da semente

O genitor da luz, se conecta, se funde ao tempo

O clarão, a brasa, o fogo

A água, as borbulhas, o gás

A areia branca, a terra escura, firme, a poeira

O movimento envolvente, o ar, o vento

A mente libertada

As emoções desacorrentadas

O nascimento sem hora marcada

O genitor da luz repousa, na plenitude, na beleza e leveza, de suas próprias asas.

(Poema: Sandrà Staff)

A ESSÊNCIA PRECEDE A MATÉRIA

"Albert Einstein elaborou a teoria do campo unificado, demonstrando a existência de uma energia que é a força diretora de todas as coisas do Universo. É o éter de Paracelso e dos antigos Rosa-cruzes". Através de equações matemáticas, unificou a força gravitacional e a eletromagnética em uma relação que explica muito do que vemos ao nosso redor. Segundo ele, a nível desse plano energético (etérico), que os cientistas modernos chamam de hiperespaço, o tempo e o espaço não se manifestam da mesma maneira que no plano físico, onde só existem por serem originados dessa mesma energia.

Segundo ele, energia e matéria são manifestações diferentes dessa energia primordial etérica. Essa energia etérica é um ponto de liga subatômico, um meio que permite a metamorfose em contínuo movimento de partícula para onda e de onda para partícula. Einstein criou, assim, as bases científicas da Física Quântica.

Diz Einstein que toda matéria é energia e que toda energia é constituída por fótons, que é uma das últimas partículas subatômicas descobertas pela física quântica.

O fóton tem uma característica rara, se comparado com outras partículas subatômicas: ele se comporta simultaneamente como partícula e como onda. O fóton é luz, logo toda energia é luz, é vibração e possui variações em cores.

A ESSÊNCIA TEM CORES

Cada cor contém propriedades características próprias, devem ser reconhecidas e podem ser utilizadas de harmonização da nossa emoção a fim, de trazer mais força, vigor e mais equilíbrio ou tranquilidade.

Basta imaginar que a terra está repleta da cor que você necessita e senti-la através de seus pés. Vejamos abaixo as características essenciais das principais cores que podem ser usadas para o equilíbrio emocional.

Vermelha é própria da força física, é uma cor revigorante, porém é preciso tomar cuidado com esta cor, pois devido à sua alta capacidade de produzir estímulos, pode causar inquietação. Por outro lado, pode ser útil no tratamento das deficiências do fígado.

Laranja é a cor da felicidade emotiva, casa bem com quem precisa de mais sorrisos e de bom humor na vida. É uma cor para os problemas da bexiga e para a parte da frente dos quadris.

Verde é a cor básica para o processo de harmonização, está ligada ao crescimento evolucional, à saúde, à segurança e à recuperação. Representa o caráter individual e o ego.

Amarela é a cor do intelecto, é indicada quando o pensamento é confuso, é uma boa cor para os rins e pode ser usada como tônico para o sistema em geral.

Cor de rosa simboliza o amor incondicional, pois combina em si a brancura do amor incondicional com o vermelho da emoção. O cor-de-rosa é como um alimento para a pessoa que precisa de muito amor ou para um coração que não sabe como dar seu amor. Canalize esta cor para o segundo chakra (pouco acima do púbis) e para o chakra do coração. Essa cor não é usada na recuperação do organismo.

Dourada está ligada ao que é permanente e o faz como nenhuma outra cor, se alguém sofre uma fratura, esta pessoa passa a emitir raios de energia dourada capazes de recuperar os ossos fraturados a fim de dar início ao processo de harmonização para depois, numa segunda fase, começar a produzir energia de cor verde, que circundará o local afetado, contribuindo para a harmonização definitiva. O dourado é a cor da reestruturação.

Azul é a cor da paz, se alguém anda preocupado, atormentado, nervoso demais ou zangado, o azul restabelece a calma e a tranquilidade. É também útil para problemas gástricos. O azul é sereno e apaziguante. Na maioria dos casos age como uma cor eficaz no processo de cura e é especialmente boa em casos que exigem repouso e convalescença. É uma cor que alivia, sendo apropriada para todas as situações que envolvem inflamação, mas em casos onde há febre, para que evitemos a ocorrência de calafrios, será melhor usar a cor verde ou branca.

Púrpura é uma mistura da cor vermelha com a cor azul. As pessoas que se entregam à cólera, que é "energia negativa", encontram alívio nessa cor.

Violeta representa a meditação espiritual, estimula a percepção psíquica, é mais usada na harmonização de perturbações do espírito e do desequilíbrio emocional em geral, do que na harmonização dos problemas do corpo.

Branca contém todas as cores, reunindo aquelas que promovem harmonização e por isso, pode ser utilizada no tratamento de qualquer caso. Representa pureza, sentimento de proteção e amor espiritual incondicional. A cor branca é o filamento da lâmpada que pode ter muitas cores, o filamento é sempre branco, a essência é branca, o mais puro branco.

AS CORES DA ESSENCIA E OS MESTRES

Você poderá também se basear nas informações a respeito dos Mestres Ascensionados, da Grande Fraternidade Branca, dos Raios Cósmicos e suas respectivas cores, que também proporcionam ótimos resultados:

- ✓ *Azul:* Tranquilidade, paz, renovação, amor espiritual e incondicional. *MESTRE EL MORYA – 1º Raio*
- ✓ *Dourado:* Inspiração, intuição, sabedoria, energia vital. *MESTRE LANTO – 2º Raio*
- ✓ *Rosa, Laranja:* Bondade amor, amor altruísta, serenidade, liberdade. *MESTRA ROWENA – 3º Raio*
- ✓ *Branco:* Pureza, purificação, ascensão, desobstrução, limpeza profunda. *MESTRE SERAPHIS BAY – 4º Raio*
- ✓ *Verde:* Cura, verdade, luz da consciência, conhecimento concreto. *MESTRE HILARION – 5º Raio*
- ✓ *Vermelho-Rubi:* Entrega, devoção, atividade, força, aspiração. *MESTRA NADA – 6º Raio*
- ✓ *Violeta:* Transmutação, renovação, libertação. *MESTRE SAINT GERMAIN – 7º Raio*

"Eles inspiraram todos os aspectos da realização em nossa cultura, nas artes e nas ciências, em nosso governo e em nossa economia, na educação e no espírito indomável de liberdade que, ainda tem a coragem de sonhar o sonho do amor, da verdade e da liberdade para toda a humanidade".

O CORPO INVISÍVEL DO SER

Observando nosso corpo de forma holística, compreendemos que ele troca energia com o Universo através de centros energéticos chamados chakras, e que o corpo é envolvido por um campo energético chamado aura. Hólus é um vocábulo grego que quer dizer total, portanto, o termo holístico refere-se à totalidade do ser, em níveis: físico, emocional, mental e espiritual.

Tanto os chakras quanto a aura podem ser percebidos quando estamos em estado alterado de consciência, bastando tornarmo-nos sensíveis à percepção da energia.

Temos que desenvolver a consciência um campo de energia, ou melhor, somos um campo de energia, assim desenvolvemos nossa sensibilidade e ampliamos os efeitos das práticas de Meditação.

Entender que a aura é um campo de energia que circunda o corpo, protegendo-o como envoltório de luz. Este envoltório pode ir de poucos metros até alguns quilômetros em seres iluminados como Jesus e Buda.

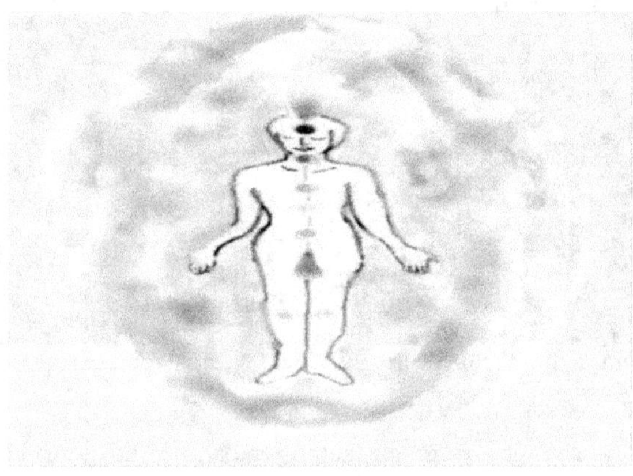

No interior de cada ser humano existe uma rede de nervos e órgãos sensórios que interpretam o mundo físico externo. Ao mesmo tempo, dentro de cada um de nós existe um sistema sutil de canais (*nadis*) e centros de energia (*chakras*) que tomam conta de nosso ser físico, intelectual, emocional e espiritual.

Na base da espinha, no osso triangular chamado sacro (as civilizações antigas sabiam que há algo de sagrado a respeito desse osso) reside a mais sutil energia espiritual, dormente na maioria de nós, chamada Kundalini. A Autorrealização é o despertar desta energia através do canal central, atravessando cada um dos centros de energia e emergindo no topo da cabeça (a área do osso da fontanela) como uma suave "fonte" de frescor. A palavra *fontanela* significa "pequena fonte" o que, novamente, mostra o antigo conhecimento sobre o fenômeno da Auto realização, o Nirvana. Em nossos tempos modernos, Shri Mataji transformou-a em um fenômeno "em massa" através do despertar espontâneo que ocorre na Sahaja Yoga. Cada um dos sete chakras possui diversas qualidades espirituais. Essas qualidades estão intactas dentro de nós, e, mesmo que elas não possam sempre se manifestar, elas jamais podem ser destruídas. Quando a Kundalini é despertada por meio da meditação, essas qualidades começam a se manifestar espontaneamente e se expressam em nossas vidas. Mais consciência de quem realmente somos.

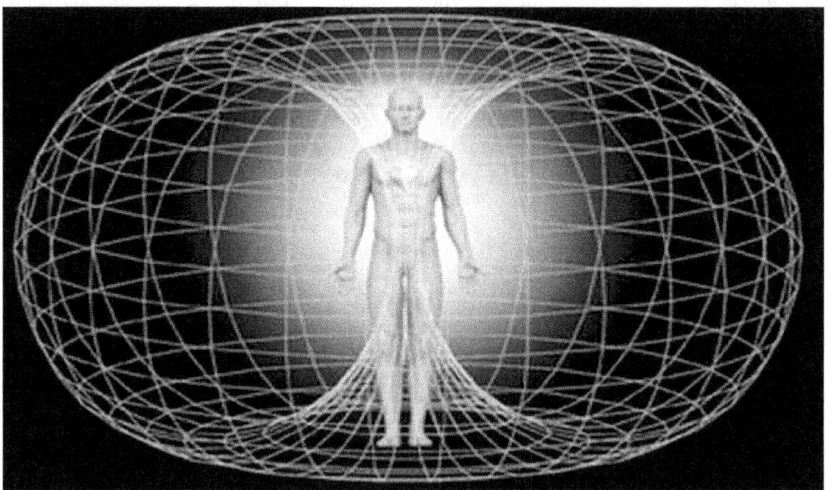

Fonte: O coração e o campo eletromagnético. Weler Alison,11 de nov. de 2015

Assim, através de meditação regular, nós nos tornamos muito dinâmicos, criativos, confiantes e, ao mesmo tempo, muito humildes, amorosos e compassivos. É um processo que começa a se desenvolver por si mesmo quando a Kundalini se eleva e começa a nutrir nossos chakras.

OS VÓRTEX INVISÍVEIS DO SER?

Esses vórtex ganharam vários nomes ao longo do tempo e comumente os chamamos de Chakras, que é uma palavra em sânscrito e quer dizer roda. Cada centro de energia possui seu mantra individual, a sua cor específica, sua forma característica diferenciada um do outro e cada um está relacionado a uma glândula do corpo físico. Aqui vamos conhecer também o que acontece se um centro de energia entra em disfunção. Vamos apresentar mais detalhadamente abaixo sobre estes centros de energia que são responsáveis por dar e receber a energia que alimenta o corpo do ser.

Chakras são centros de energias em círculo ou roda, do corpo humano e existem chakras principais e secundários, os principais são sete:

1°- CHAKRA - RAIZ OU BÁSICO

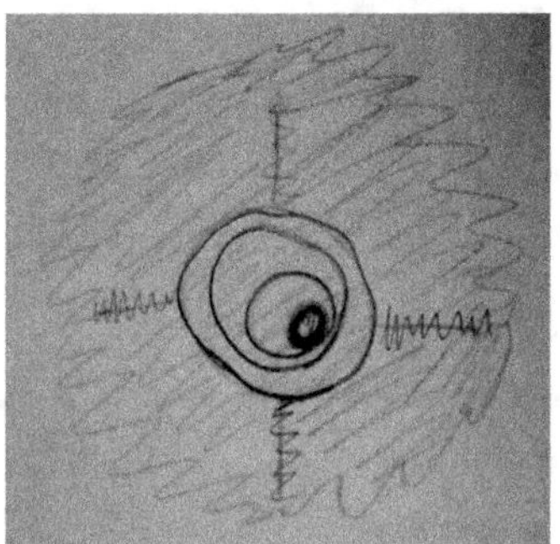

Fonte: (Por: Sandrà Staff), **2020**

1°- CHAKRA - RAIZ OU BÁSICO - Localizado entre a zona genital e o cóccix, irradiando a energia verticalmente para baixo. O centro da raiz reflete o grau com que nos sentimos ligados à terra ou com que executamos nossas atividades, mantendo os pés no chão. Representa o elemento Terra e reflete-se nos aspectos mais densos ou vibracionalmente mais inferiores do ser.

Ele está ligado aos instintos primários de sobrevivência. Está relacionado com os sentimentos básicos de medo, de ferimentos físicos e é o principal agente motor de assim chamada resposta de fuga ou luta.

É por causa dessa relação com a sobrevivência que alguns textos esotéricos associam o chakra raiz às glândulas suprarrenais, a principal fonte de adrenalina para o corpo nos momentos de estafa. Concentração de energia excessiva neste chakra, faz com que a pessoa apresente uma índole um tanto selvagem. Abrange os rins e suprarrenais.

A sua cor é o vermelho. E está relacionado com a quantidade de energia física e com a vontade de viver e com a sede de Kundalini, senso da realidade.

2º- CHAKRA - ESPLÉNICO OU SEXUAL

Fonte: (Por: Sandrà Staff), **2020**

2º- CHAKRA - ESPLÉNICO OU SEXUAL - Localizado entre o osso púbico e o umbigo, irradiando horizontalmente para as costas. Abrange os órgãos sexuais, bexiga, intestino grosso e delgado, apêndice e vértebras lombares. A sua cor é o laranja. Relacionado com a quantidade de energia sexual e emocional. Representa o elemento Água.

Disfunções neste chakra podem provocar colites, síndromes de irritabilidade nos intestinos, tumores na bexiga, má absorção de nutrientes pelo intestino delgado, vários tipos de disfunção sexual, prostatite e dores lombares.

3º- CHAKRA - PLEXO SOLAR

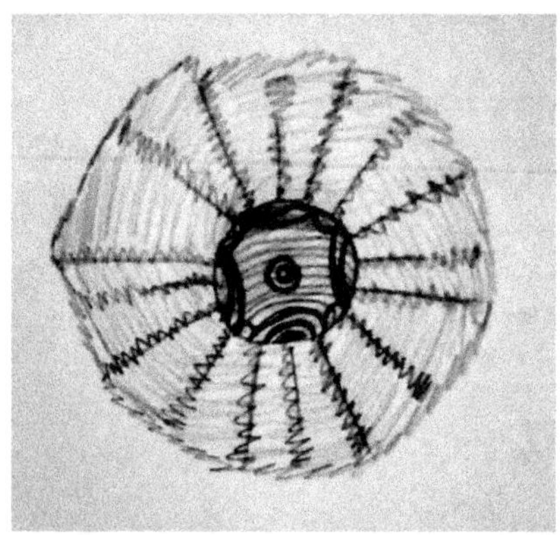

Fonte: (Por: Sandrà Staff), **2020**

3º- CHAKRA - PLEXO SOLAR- Localizado na zona do estômago. Abrange o estômago, baço, pâncreas, fígado e vesícula biliar, vértebras lombares, aparelho digestivo, irradiando horizontalmente para as costas na zona lombar. A sua cor é o amarelo. Associado aos relacionamentos humanos, com quem é no Universo e com o poder pessoal. A dominação, a cólera e a tendência para maltratar os outros também podem ser associados a um funcionamento anormal do centro do plexo solar. Representa o elemento Fogo. De facto assemelha-se a um Sol em miniatura, queimando energias libertadas pela oxidação química dos alimentos, durante o processo de digestão; uma espécie de fogo interior. Se a chama interior não estiver bem regulada, ele pode efetivamente fazer um buraco na parede dos órgãos associados ao chakra, como no caso das úlceras no duodeno.

O centro do plexo solar também é a sede de cólera, de agressão e de outras emoções. Se as questões relativas a esse chakra não estiverem conscientemente resolvidas, a pessoa poderá ver-se às voltas com um conflito interno, o que daria origem a uma preocupação com a dominação e com o controle sobre outras pessoas. A questão, nesse caso, transforma-se num conflito entre dominação e submissão. Assim, a pessoa que se preocupa ou se apega demasiadamente às lições do centro do plexo solar, pode tornar-se tirânica devido à sua aparente agressividade e presunção ou, pelo contrário, transformar-se numa pessoa covarde, tímida e submissa.

4º- CHAKRA - CORONÁRIO OU CORAÇÃO

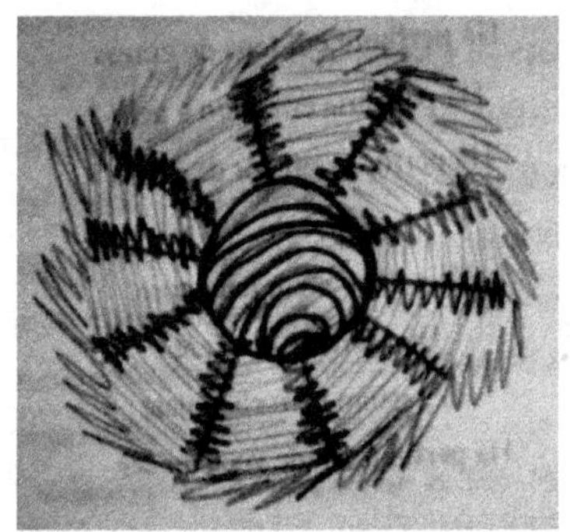

Fonte: (Por: Sandrà Staff), **2020**

4º- CHAKRA - CORONÁRIO OU CORAÇÃO - Localizado no centro do esterno. Abrange o sistema circulatório, pulmões, diafragma e timo, irradiando horizontalmente na zona dorsal. A sua cor é verde. Associado à sua maneira de expressar o amor e compaixão.

O chakra cardíaco proporciona energia nutritiva subtil aos tubos brônquicos, pulmões e seios e ainda influencia a função de todo o sistema circulatório. Este chakra simboliza o elemento Ar. É considerado um chakra de transição e serve de intermediário entre as energias terrenas inferiores e as energias espirituais superiores. Quando o indivíduo passa a ter maior capacidade de amar incondicionalmente a si e aos outros, o chakra cardíaco começa a tornar-se mais aberto, à medida que aumenta o seu fluxo de energia nutritiva para os órgãos que ele abastece.

O desenvolvimento dos sentimentos de compaixão e empatia pelos outros é um dos primeiros passos no caminho que conduz à abertura do chakra cardíaco e ao desenvolvimento de uma forma mais elevada de consciência. Os bloqueios neste chakra podem ser produzidos por uma incapacidade do indivíduo para manifestar o amor; todavia ainda mais importante é o facto de que a disfunção muitas vezes resulta de uma falta de interesse do indivíduo pela sua própria felicidade.

5º- CHAKRA - GARGANTA

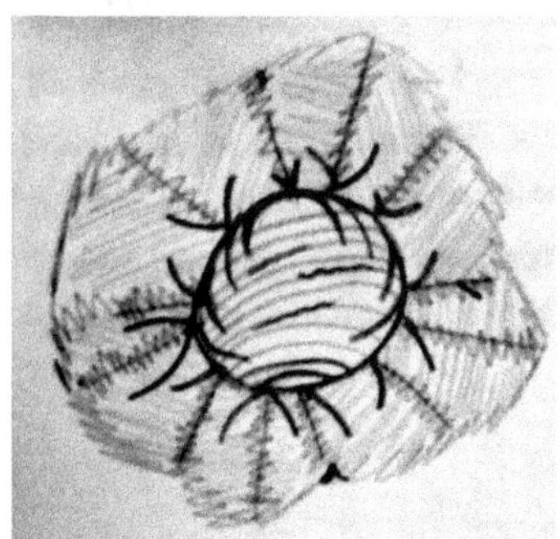

Fonte: (Por: Sandrà Staff), **2020**

5º- CHAKRA - GARGANTA - Abrange a garganta, queixo, ouvidos, aparelho vocal, irradiando horizontalmente na zona da nuca. Está relacionado com as glândulas da tiroide e paratireoide, boca, cordas vocais, traqueias e vértebras cervicais. Existe ainda uma associação entre o chakra da garganta e o sistema nervoso parassimpático, que é originado no 10º nervo craniano, ou nervo vago, o qual deixa a base do cérebro e desce pelo pescoço para enervar o coração, pulmões e órgãos abdominais. A sua cor é o azul claro. Representa o elemento Éter. Associado à tomada de responsabilidade pelas nossas necessidades, comunicações e vontades pessoais. No nível físico e emocional as disfunções no chakra da garganta podem provocar problemas de comunicação. Os bloqueios deste chakra podem ocorrer em pessoas que não se expressam de forma criativa, ou que podem ter grande dificuldade para fazê-lo.

6° - CHAKRA - 3º OLHO OU FRONTAL

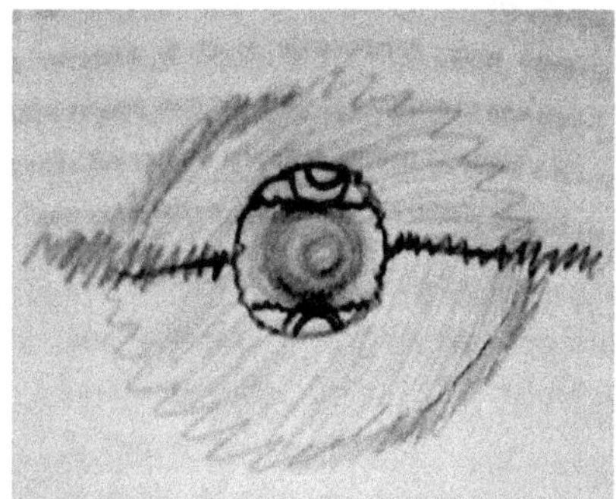

Fonte: (Por: Sandrà Staff), **2020**

6° - CHAKRA - 3º OLHO OU FRONTAL - Localizado no centro da testa entre as sobrancelhas, abrange os olhos, nariz, orelhas, irradiando horizontalmente a cabeça. Associado à glândula pineal, hipófise, medula espinhal, seios paranasais. As doenças causadas por disfunção no chakra da testa podem ter sido produzidas pelo facto de o indivíduo não desejar ver algo que é importante para o crescimento de sua alma.

Os problemas associados ou bloqueios energéticos neste chakra pode manifestar-se fisicamente na forma de doenças tais como: Sinusites, cataratas e grandes desequilíbrios endócrinos, em virtude da ligação entre esse centro e a hipófise. A sua cor é o azul índigo. Associado à sua capacidade de visualizar e compreender conceitos mentais de realidade no Universo da pessoa, intuição e visão interior.

7° - CHAKRA - COROA OU CORONAL

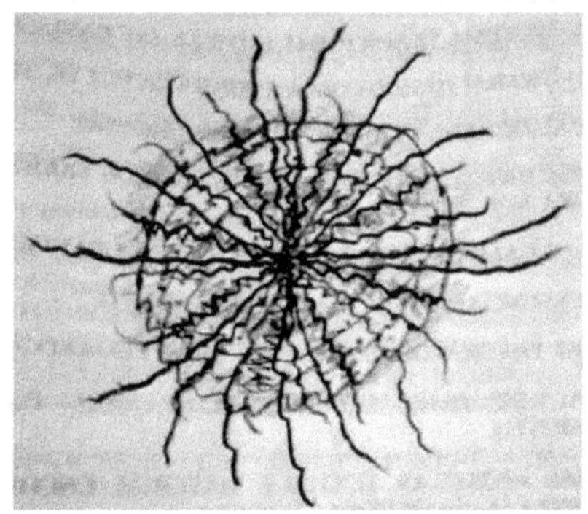

Fonte: (Por: Sandrà Staff), **2020**

7° - CHAKRA - COROA OU CORONAL - Localizado no topo da cabeça. Abrange a glândula pineal, irradiando verticalmente a energia para o Cosmos. A sua cor é violeta, branco ou dourado. Associado a uma profunda busca interior e espiritual. A abertura do chakra da coroa permite que a pessoa penetre nos mais elevados estados de consciência. A ativação consciente desse centro representa o estágio inicial de ascensão para com o estado de perfeição espiritual. A nível físico este chakra está ligado à atividade do córtex cerebral e ao funcionamento geral do sistema nervoso. Quando o chakra da coroa está aberto o sétimo centro é representado por uma polaridade energética entre a glândula pineal e os hemisférios cerebrais direito e esquerdo. Anormalidades no fluxo de energia deste chakra manifestam-se através de vários tipos de disfunções cerebrais incluindo psicoses.

Segue a baixo uma tabela para melhor compreensão das funções e disfunções nestes vortex de energia:

Chakras	Funções	Disfunções
Raiz	Ligação com o mundo material, energia física	Raiva, impaciencia, materialismo, culpa, vergonha, vicios, violência, morte, dor.
Esplénico	Sexualidade	Controlo, sujeição da sexualidade, rejeição, solidão, ressentimentos, vingança, ciúme, depressão, inveja
Plexo Solar	Personalidade, vontade, acção, auto-estima, paz e harmonia	Ansiedade, preocupação, indecisão, preconceito, negligência, desconfiança, mentira
Coronário	Amor incondicional, sistema imunitário	Desilusão, pânico, depressão.
Garganta	Comunicação, criatividade, iniciativas, independência	Fracasso, apatia, medo, insegurança, desespero, auto-reprovação, submissão.
3º Olho	Intuição, percepção extra-sensorial, raciocinio lógico	Ganância, arrogância, tirania, rigidez, alienação.
Coroa	Ligação com energias superiores	Neuroses, desorientação, irracionalidade, fobias, histerias, obcessão

As imagens dos centros de energia que foram apresentadas a cima são imagens inéditas canalizadas em um momento de meditação. Eu sempre achei que as imagens dos centros de energia que estão disponíveis são imagens muito "perfeitinhas" e que não retratam a verdadeira essência que é um vórtex energético do ser.

COERENCIA ENERGÉTICA PARA O SER

O ajuste dos chakras pode ser feito de diversas maneiras, uma delas é através do pêndulo, geralmente de cristal. Abordaremos o método de transferência de energia do Chakra Básico para os chakras superiores. Estas posições podem ser feitas com o cliente de frente ou de bruços.

Para fazer este realinhamento dos chakras, o que também pode provocar o despertar da kundalini, os Chakras são equilibrados das extremidades ao centro.

Em cada posição focalize toda sua atenção na palma de suas mãos, até ter a mesma sensação em ambas. Isso poderá levar poucos segundos até um minuto. Proceda da seguinte forma, um passo de cada vez:

1. Posicione-se de pé;
2. Posicione uma mão no Chakra Frontal e outra no Chakra Básico;
3. Posicione uma mão no Chakra Laríngeo e outra no Chakra Umbilical;
4. Conclua com uma mão no Chakra Cardíaco e outra no Plexo-solar.

Esta técnica é especialmente útil àquelas pessoas que buscam um crescimento interior mais acelerado.

A ESSENCIA NOS MUDRAS

Mudras são movimentos mágicos e místicos utilizados por sacerdotes brâmanes e budistas em certas ocasiões, durante determinadas cerimônias em seus cultos. São também utilizados em muitas práticas energéticas em diversas escolas.

Com as mãos e posições corporais podemos captar diferentes frequências, tipos de consciências e usá-las para mais qualidade de vida ou promover momentos de transcendência.

Como sabemos, o Chakra Coronário é o elo entre nosso corpo físico e a realidade cósmica ou energias superiores.

Veja e experimente os efeitos de alguns mudras e se permita viajar por estes portais consciência:

O MUDRA DO 3º OLHO

A abertura deste chakra possibilita a abertura da consciência e a perfeição do ser.

Proporciona uma visão global do universo, é um caminho de crescimento, permitindo que manifestemos a serenidade espiritual, a consciência cósmica, de integração, devoção, descortinando o verdadeiro sentido de nossa existência.

MUDRA GIAN – O CONHECIMENTO

Benefícios:

- **Melhora o conhecimento**
- **Estimula as glândulas endócrinas**
- **Melhora a memória e ajuda na meditação.**
- **Previne a insônia e ajuda a melhorar o humor.**
- **Traz a clareza de raciocínio**

   Pratica: a qualquer momento em pé, deitado ou sentado na cama.

MUDRA DA TERRA - PRITHVI

Benefícios:

- **Reduz deficiências físicas e espirituais**
- **Ajuda a aumentar a força da vida**
- **Ajuda a limpar a pele**
- **Favorece funcionalidade do corpo**

   Pratica: a qualquer momento em pé, deitado ou sentado na cama.

MUDRA DA ÁGUA - VAARUNA

Benefícios:

- **Benefícios**
- **Ajuda a equilibrar as emoções**
- **Ajuda a reter água**
- **Ajuda a aliviar a prisão de ventre e cólicas**
- **Também ajuda a regular os ciclos menstruais e condições hormonais.**

  Pratica: 15 minutos três vezes por dia

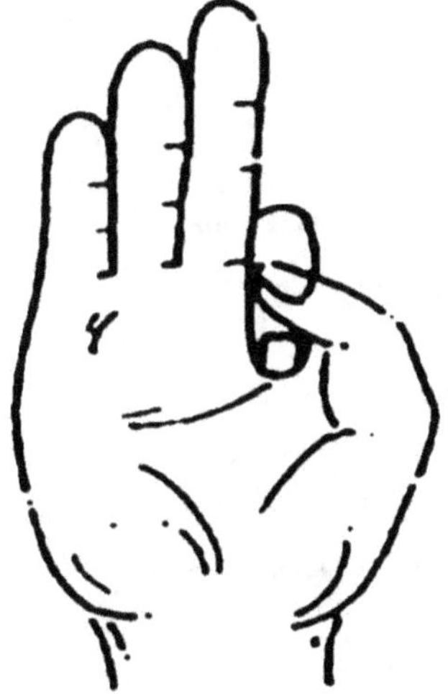

MUDRA DO AR - VAYU

Benefícios:

- **Ajuda a acalmar a mente ansiosa**
- **Acalma a voz tensa**
- **Ajuda a diminuir o estresse**
- **Ajuda a reduzir a impaciência e indecisão.**

  Prática: 10 a 15 minutos, 3 vezes por dia.

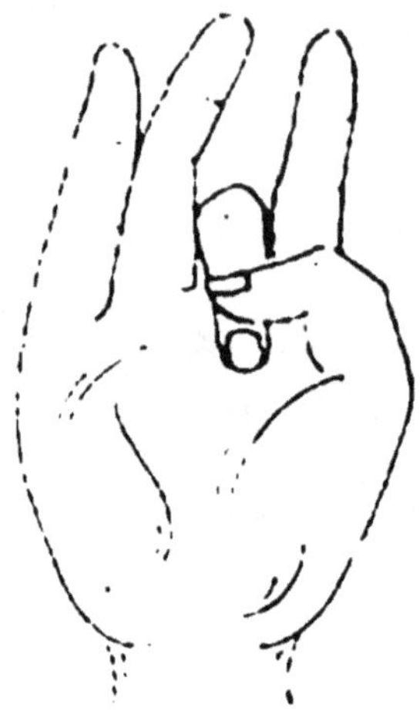

MUDRA DO VAZIO - SHUNYA

Benefícios:

- **Reduz apatia no corpo**
- **Altamente eficaz para dores de ouvido**
- **Ajuda a restaurar a confiança,**
- **Aumenta a cognição mental.**

Pratica: 40-60 minutos por dia ou, para uma dor de ouvido, 4-5 minutos.

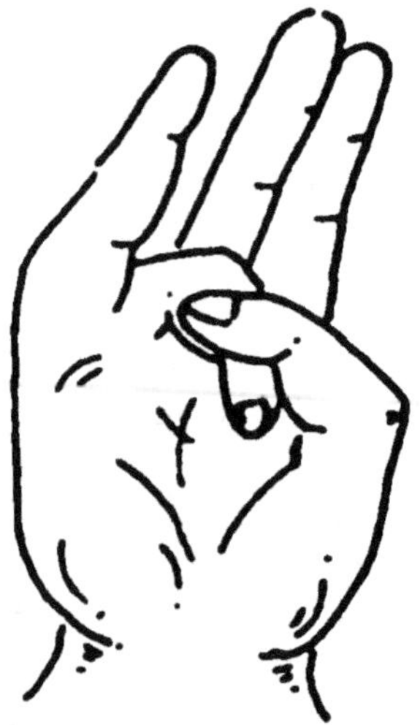

MUDRA DO SOL - SURYA

Benefícios:

- **Ajuda a estimular a glândula tireoide**
- **Ajuda a aliviar o ganho de peso**
- **Reduz o apetite**
- **Estimula a digestão**
- **Ajuda a aliviar a ansiedade e estresse**
- **Ajuda a guiá-lo para o seu propósito**

Prática: 5 a 15 minutos, duas vezes por dia

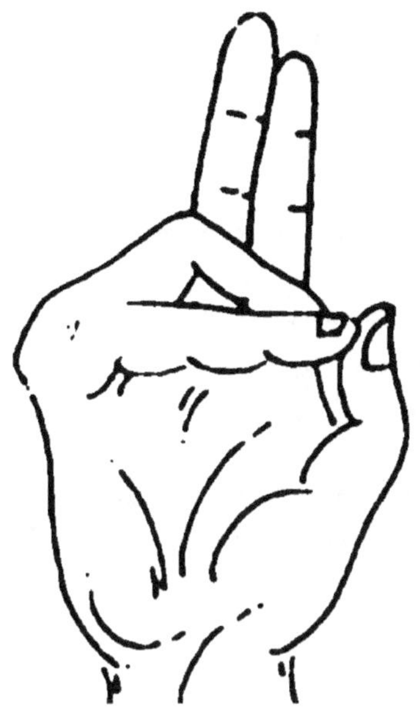

MUDRA DA VIDA - PRANA

Benefícios:

- Melhora a força da vida
- Ajuda a fortalecer a mente
- Corpo e espírito
- Ajuda a promover a tomada de decisões
- Melhora a imunidade e motivação
- Ajuda a melhorar a visão
- Reduz a fadiga

Prática: A qualquer hora.

MUDRA DO CORAÇÃO – APANA VAYU

Benefícios:

- Estimula a cura do coração
- Ajuda a proteger fisicamente o coração
- E também ajuda a reduzir os gases e azia

Prática: 15 minutos, duas vezes por dia

Observação:

O dedo indicador dobra-se para tocar a base do polegar, enquanto curva o dedo médio e o anelar para tocar a ponta do polegar.

O dedo mindinho permanece esticado

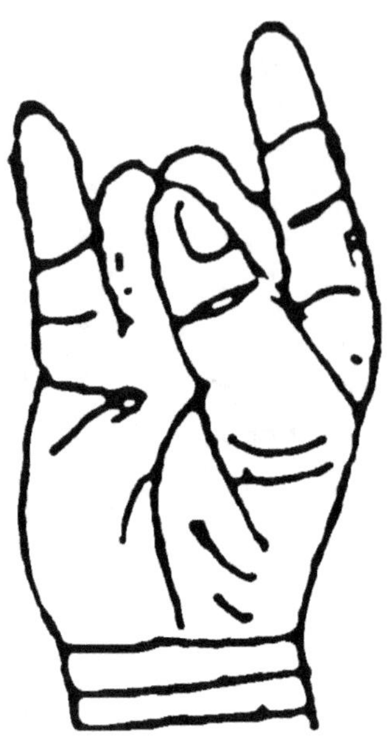

MUDRA DA DIGESTÃO - APANA

Benefícios:

- Ajuda a regular o sistema excretor
- Ajuda a desintoxicar e estimula os movimentos intestinais
- É útil para aliviar a constipação e hemorroidas.

Prática: 45 minutos por dia

Observação:
O dedo médio e o anelar são dobrados sob o polegar enquanto o mindinho e o dedo indicador ficam para cima.

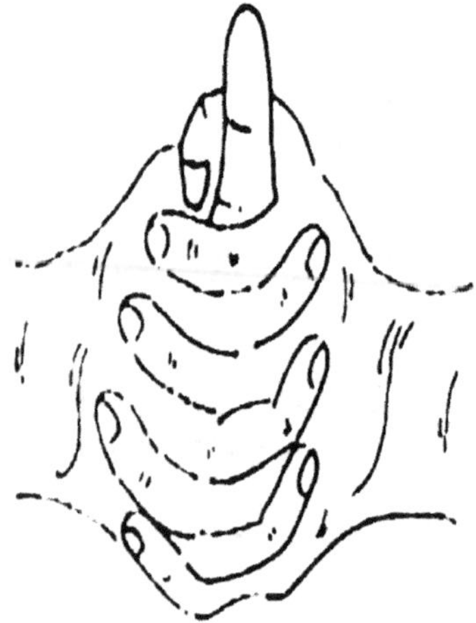

MUDRA DO CALOR - LINGA

Benefícios:

- Ajuda a estimular o calor no corpo,
- Ajuda a reduzir o catarro e congestão
- Fortalece os pulmões
- Ajuda a revigorar equilibrar o corpo

Prática: A qualquer momento, mas não pratique excessivamente

MUKULA, ADENDO A LUZ

Energização de cura, usado para direcionar a energia para qualquer lugar do corpo. Basta colocar os quatro dedos de encontro com o polegar, colocando as pontas dos dedos onde a cura é necessária. Em cada respiração, podemos sentir a energia de cura passar de nossos dedos e entrar no nosso corpo na parte enferma, ele limpa, relaxa e cura, liberando as toxinas indesejadas e preenchendo a área com uma luz branca.

Para uma limpeza e rejuvenescimento do corpo, podemos sentar e relaxar em local tranquilo, estendendo os braços e colocando cada mão sobre os joelhos, com os dedos apontados para o teto, em formato de Mudra Mukula. Definindo a intenção e sentimento a energia de cura limpando o nosso corpo.

A ESSENCIA NOS MANTRAS

A palavra "Mantra" vem do sânscrito e significa: Man (mente) e Tra (controle). Mantra também pode ser definido como Proteção para a mente. Eles são fórmulas cantadas repetidamente a milhares de anos e por isso acredita-se que possuem uma energia única e especial, sendo assim, quando os cantamos ou ouvimos nos conectamos com essa força que eles representam. Cantar mantras funciona como uma meditação Musical. Existe uma infinidade de tipos de mantras e as finalidades variam de acordo com a necessidade de cada um e seu momento atual de consciência. Abaixo listamos alguns de seus benefícios:

1. Preocupações - Ajuda a reduzir preocupações, medos e ansiedades.
2. Consciência - Aumenta a concentração, a atenção e a consciência.
3. Saúde - Melhora a saúde mental e física do indivíduo.
4. Vitalidade - Aumenta a energia vital da pessoa.
5. Harmonia - Nos Relacionamentos com os outros, e consigo mesmo.
6. Sintoniza - Com o Divino, criando uma forte ligação entre si e Deus.

7.   Espiritualidade - Acelera a sua revelação espiritual.

8.   Felicidade - Leva a atingir a bem-aventurança suprema.

Quando meditamos ou cantamos essas frequências purificamos nossa mente e nossas emoções e entramos numa sintonia que está muito além deste mundo material". É uma experiência mágica, porque, por meio da vibração de cada palavra o corpo se transforma em um templo e um instrumento divino.

Ao entoar um mantra você permite se refugiar em um espaço sagrado onde os problemas não te alcançam. A energia do mantra individual pode então trabalhar sua energia de vibração particular em seu campo energético e para fora, em direção ao universo. As coisas mudam. Obstáculos são superados.

Os mantras são "traduções" da inteligência criativa, Īśvara. Nas Upaniṣads, o próprio mantra Om, por exemplo, é considerado uma espécie de símbolo sonoro, de "corpo" em forma de som, de Īśvara, a Criação. (Pedro Kupfer21/05/2019)

UM MANTRA PELA PAZ

OM...
Que estejamos sempre unidos e protegidos
Possamos trabalhar juntos com muita energia
Que nosso estudo seja vigoroso e frutífero
Que nunca haja inimizade entre nós
Om Paz Paz Paz

OS BENEFÍCIOS DOS MANTRAS

Acredita-se que Cantar ou ouvir os Mantras e suas belas melodias trabalhamos nossos átomos, nossas células no nível físico, mental e nossas emoções. Assim os resultados são:

- Aumenta a concentração e atenção.
- Melhora a saúde mental e física.
- Aumenta a energia vital.
- Cria mais harmonia no convívio com outras pessoas.
- Trabalhamos a respiração.
- Relaxamento dos músculos respiratórios.
- Ativa a produção de substâncias como a "serotonina" e "endorfinas", que incrementam a sensação de satisfação existencial de forma continuada.

Na tradição indiana os mantras são em sânscrito uma língua que é conhecida como a língua da natureza. Os mantras em sânscrito têm origem nos Vedas os livros mais antigos do mundo. Pesquisas e mais pesquisas estão provando que os Livros vedas são os primeiros livros escritos da história.

As técnicas de meditação sejam com mantras ou mudras ou mesmo no silencio remontam do conhecimento védico difundidas para o ocidente pelos mestres que dedicaram as suas vidas para compartilhar estes ensinamentos ao maior número de pessoas.

Abaixo segue o trecho dos Vedas que é de uma beleza magnífica, sobre a inteligência inata do ser a verdadeira essência:

> Os textos que compilam a sabedoria mais antiga da humanidade, os Vedas da antiga Índia, localizam a sede desta Inteligência Criativa na consciência humana, no silêncio interior da mente aquietada, na fonte do pensamento. A partir desta fonte, surgem na nossa mente pensamentos, milhões de pensamentos numa atividade criativa incessante. Cada pensamento é, assim, um impulso de criatividade, inteligência e energia surgindo da fonte inesgotável de energia, criatividade e inteligência que é o Ser Puro e Transcendental, ou Inteligência Criativa. (Internacional Jornal off Psychophysiology)

Meditar ou cantar Mantras é um processo milenar no qual trabalhamos nossa espiritualidade. Encante com os mantras que te apresentaremos agora nas próximas páginas:

MANTRA - ASATO MÃ

"Da mentira, nos direcione à verdade;
Da escuridão, nos direcione à luz;
Da morte, nos direcione à imortalidade
Om paz, paz, paz."

**ASATO MÃ SAD GAMAYA
TAMASO MÃ JYOTIR GAMAYA
MRITYOR MÃ AMRTYUM GAMAYA**

A essência desse mantra é:

"Ajude-me a me libertar de meus equívocos diversos sobre mim mesmo, sobre o universo, sobre Deus e me abençoe com conhecimento verdadeiro."

MANTRA - YEMAYA ASSESSU

(Mantra africano)

Ye Maya é a deusa do oceano e a mãe de todas as deusas.

YEMAYA ASSESSU

ASSESSU YEMAYA

YEMAYA OLODO

OLODO YEMAYA

Cantar este mantra é celebrar o momento em que o rio encontra o oceano. Isto significa que somos nós mesmos buscando o amor, mas o amor por nós mesmos.

MANTRA - TEYATA

Maha bekanze é um grande meio de eliminação da dor. Uma explicação do significado do bekanze é que ele se refere a eliminar a dor do sofrimento verdadeiro, não apenas da doença, mas de todos os problemas. Ele elimina a pena de morte e renascimento que são causados por karma e pensamentos perturbadores.

Teyata om bekanze
Bekanze maha bekanze
Radza samudgate soha

Eu me curvo ao curandeiro real
Que passou por todo o caminho

O primeiro bekanze elimina todos os problemas do corpo e da mente, incluindo a velhice e a doença.

O segundo bekanze elimina todas as causas do verdadeiro sofrimento, que não são externas, mas dentro da mente. É a causa interna que permite que fatores externos se tornem condições para a doença.

A terceira frase, maha bekandze, ou "grande eliminação", refere-se a se estar eliminando até mesmo as impressões sutis na consciência causadas por pensamentos perturbadores. Ele é considerado o Mantra buda da Medicina.

MANTRA - SITA RAM

Quando cantamos este mantra estamos vibrando numa linda história de amor. É sobre RAMA E SITA CONHECIDOS NA INDIA COMO O CASAL DIVINO. Nesta lenda Rama é a representação do Deus Vishnu e Sita a deusa Lakshimi.

Rama é considerado o herói mais importante da Índia. Rama e Sita se casaram e foram morar no bosque.

 Um dia Rama precisou se ausentar e eles fizeram um círculo mágico de proteção em volta de sita. Sita ao ver um servo indefeso na floresta se esquece do círculo e vai tentar salvar o servo e começa a viver os perigos do bosque até que é raptada pelo demónio Ravana. Sita grita bem alto para todas as árvores que está sendo levada contra vontade e joga seu véu e suas joias aos macacos da floresta e ao seu general para avisarem a Rama que estava sendo sequestrada.

Enfim, Rama volta e começa sua busca por sita e depois muitas batalhas ele a encontra no castelo do Ravana o demônio de 7 cabeças e o mata com flechadas de fogo.

Salva, Sita e Rama voltam para seu lar. Desta união nasceu Kama o deus do Amor que é representado por um lindo pássaro.

SITA RAM RADHE SHYAM
POR AMOR AO DIVINO
A palavra Radhe significa ligação, laço
A palavra shyam significa infinito...

Sua essência é: O nosso ser se dissolvendo no infinito amor divino, no amor Supremo.

MANTRA - GAYATRI
O Mantra da Iluminação

Gāyatrī é uma deusa considerada a representação de Parabrahman, a realidade imutável que está por trás de todos os fenômenos. Ela também é considerada a culminação da trindade das deusas Lakshimi Parvatī e Sarasvatī. Gāyatrī é conhecida como a Grande Deusa, o Grande Poder (Shakti), a Deusa Primordial, da qual tudo se originou.

OM - BHUR BHUVA SWAH

TAT SAVITUR VARENAYAM

BHARGO DEVASYA DHIMAHI

DHIYO YO NAH PRACHODAYAT

"Ó grande luz do universo.
Ó grande remove douro da dor e da tristeza descei vossa luz ao nosso intelecto
Para que possamos saber a direção correta".

MANTRA - GURU GURU WAHE GURU

Sábio, sábio é aquele que serve o infinito. Este é um mantra de humildade, relaxamento, autocura e alivio emocional.

Invoca o espírito de humildade e graça, com sua luz de guia espiritual e graça protetora. Reconecta a experiência do infinito ao finito e, por essa razão, resgata você no meio do processo ou perigo.

Você começa com uma pequena sabedoria pessoal quando canta "Guru". Quando repete "Guru", você expande essa vivência.

Então você diz "Wahe Guru", para ultrapassar o conhecimento consciente e mergulhar no domínio do infinito.

Você canta de novo "Guru" e começa a trazer essa sabedoria de volta ao mundo com "Ram Das", o poder de Deus que se manifesta e vem à sua vida servi-lo.

O ciclo se completa quando você diz "Guru" uma última vez. Você retornou ao ponto de partida, mas com os olhos do infinito e o coração do Guru Ram Das.

Guroo guroo wha-hay guroo guroo ram das guroo

"Guru" é sabedoria, é aquilo que transforma qualquer tipo de ignorância em luz. "Gu" é trevas, "ru" é luz.

MANTRA - HARE KRISHNA

É um mantra para saudar Krishna que é amor e compaixão e saldar também Rama que é reta justiça e sabedoria.

HARE RĀMA HARE RĀMA
RĀMA RĀMA HARE HARE
HARE KṚṢṆA HARE KṚṢṆA
KṚIṢṆA KṚIṢṆA HARE HARE

Tradução:
"Dá-me a Vontade Divina, Dá-me a Vontade Divina,
Vontade Divina, Vontade Divina, Dá-me, Dá-me.
Dá-me Alegria, Dá-me Alegria,
Alegria, Alegria, Dá-me, Dá-me."

Nas dezesseis palavras deste mantra está o grande poder da manifestação da energia do chakra da garganta, que é o chakra da energia do primeiro raio da vontade Divina, é também o chakra da criatividade e da realização.

Quando praticamos esse mantra encontramos a alegria de viver no caminho de volta ao Pai, o caminho em direção à nossa origem da Criação.

MANTRA - SA RE SA SA

Querido por ser o mantra da prosperidade ajuda para superar a adversidade.

Os desafios são parte da vida. As batalhas nos ajudam a nos tornarmos mais fortes e reforçarmos nosso foco às soluções. Porém, os desafios podem se tornar devastadores quando parecem se amontoar de uma só vez sobre nós.

Quando você está cercado de obstáculos e desafios e sente que ninguém te ouve, quando você precisa de grande sabedoria e sentir-se em paz, estenda a mão para este mantra:

Sa Re Sa Sa, Sa Re Sa Sa, Sa Re Sa Sa, Sa Rung

Har Re Har Har, Har Re Har Har, Har Re Har Har, Har Rung

"Este é o mantra base de todos os mantras.

Ele nos dá a capacidade de comunicação efetiva, então essas palavras contêm maestria e impacto. Este mantra nos ajuda a conquistar a sabedoria do passado, presente e futuro.

A adversidade se desfaz diante deste mantra. Ele te traz paz e prosperidade mesmo quando isto não estiver no seu destino."

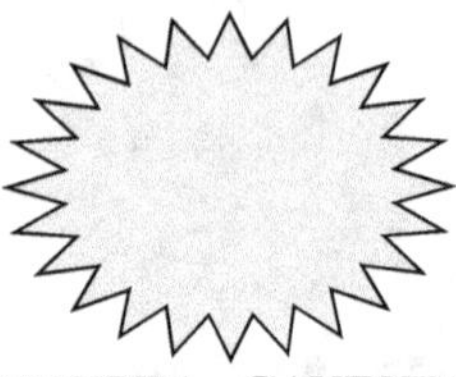

MANTRA - GANESHA

GANESHA é o Deus do sucesso ou o Deus removedor de obstáculos – É um dos deuses mais comuns no hinduísmo.

Ganesha também é considerado pelos hindus e vedas o deus do intelecto, da sabedoria e da fortuna.

De acordo com a mitologia hindu, Ganesha é o primeiro filho de Shiva e Parvati, e considerado um dos deuses mais importantes desta cultura.

Om Gam Ganapataye Namaha

SHARA NA, GANESHA

Ganapataye, Ganapataye, Ganapataye - Ganapataye (2x)

Na Índia Ganesha é querido principalmente entre os homens de negócio e mercadores, devido ao fato de estar relacionado com a boa fortuna e sabedoria.

MANTRA - RA MA DA SA

Transforma um corpo desequilibrado e doentio em harmonioso e saudável. Funciona no passado, trabalha no agora e no futuro. Não há tempo, nem lugar, nem espaço e nenhuma condição associada a este mantra.

Com o **Ra Ma Da Sa Sa Say So Hung** Ativamos os Chakras

RA - base da coluna - O princípio de incêndio - simboliza o sol.

MA - Barriga (MA aa) - O princípio da água - é a energia da lua.

DA - umbigo centro - O princípio da Terra - fornece o fundamento da ação.

SA - coração Pausa - espera no coração - O princípio do ar - é o infinito impessoal.
SA - coração
Say - garganta
SO - Terceiro olho
Hung - o topo da cabeça

O mantra pode ser vibrado pela coluna vertebral, chakra por chakra. Visualizá-lo atuando nos centros de energia, enquanto canta cada som. Esta estimulação interna ajuda a ativar e alinhar os chakras.

MANTRA - EK ONG KAR

É o Mantra considerado Mágico. Significa "Existe um Criador – Verdade revelada através da graça do Guru".

EK ONG KAR, SAT GUR PRASAD, SAT GUR PRASAD, EK ONG KAR

Deus e nós somos UM
Sei disso pela graça do verdadeiro Guru
Sei disso pela graça do verdadeiro Guru
Que Deus e nós somos UM.

Ele inspira grande intuição, fortalecendo a mente e removendo todos os obstáculos. Estes sons interrompem qualquer vibração negativa e nos faz lembrar de quem realmente nós somos.

MANTRA - PRITHVI HAI

Este mantra equilibra a Terra e o Céu nós.

Prithvi Hai Akash Hai Guru Ram das So Hai

PRITVI representa os sons tocados da Terra

AKASH representa os sons intocados do Céu coroando a proteção da Mente Neutra

HAI significa "É"

Esse mantra pode penetrar no cosmos, transcendendo o passado, presente e futuro

Capítulo 3

A CIÊNCIA E A ESSÊNCIA NA MEDITAÇÃO

HÁ PERFUME

Há perfume em xadrez

Há perfume em amarelo

Há perfume em vermelho

Há perfume em caramelo

Há perfume em cor de rosas

Há perfume nos castiçais

Há perfume em papel em branco

Há perfume nos cristais

Há perfume em verde folha

Há perfume em tons de cinzas

Há perfume em meio a gelo

Há perfume em cor de Anísia

Há perfume em leite puro

Há perfume em café

Há perfume em chocolate

Há perfume, onde você quiser.

(Por: Sandrà Staff)

A CIÊNCIA E A ESSÊNCIA NA MEDITAÇÃO

A prática da Meditação ajuda a melhorar o foco e a atenção, e, também mais autocontrole, gerenciar emoções, auxilia na automotivação, diminui o stress, contriL para um comportamento mais positivo elevando certamente o rendimento escolar ou acadêmico. ``A meditação leva o ser humano a experimentar um Estado de Alerta em Repouso``.

Incentivamos mergulhar na essência qualquer cunho religioso, propomos aqui práticas para conhecer a respiração correta, aprender a tomar consciência do seu corpo e do seu meio. Você perceberá que com estas práticas de respiração terá valioso no desenvolvimento intelectual, autoconhecimento, atenção plena, mas também é uma ferramenta para o controle emocional super eficiente como vamos checar em algumas pesquisas realizadas pelo mundo todo.

A Meditação ganhou várias definições ao longo do tempo e vamos conferir algumas destas delas de acordo com alguns mestres do assunto:

- **Swami Chinmayananda:** "A meditação tem sido glorificada como a vocação mais sagrada. Apenas os humanos são capazes de o maior esforço, pelo qual eles podem apressar a sua própria evolução. Ao preparar-nos para a meditação, devemos primeiro adquirir a capacidade de olhar para dentro. Você deve aprender a ir sobre sua rotina diária e ininterruptamente observar a mente. Que seja um observador silencioso do funcionamento da sua vida interior e estimar os motivos, intenções e propósitos que estão por trás de seus pensamentos, palavras e ações."

- **Swami Bhajananda:** "A meditação não é uma disciplina totalmente independente, mas um estágio em concentração comum a quase todos os caminhos espirituais. Em cada caminho, o aspirante começa com um grande número de pensamentos na mente. Estes tornam-se gradualmente reduzidos, e o aspirante atinge um estágio em que há existe apenas um pensamento na mente."

- **Maharishi Vethathiri:** "A meditação é um método científico de melhorar a capacidade da mente. Ela corrige a mente em uma de força magnética, melhorando a capacidade de se concentrar. Esta é a chave para a auto realização."

- **Olho:** "O propósito da meditação é torná-lo consciente do seu reino, para torná-lo consciente do seu potencial mais elevado."

- **Adam Burke:** "Meditação é o estudo da atenção. Atenção é fenómeno cognitivo. Meditação é a capacidade do cérebro em assistir a algo por um longo período de tempo." (Fonte: https://www.praticasalternativas.com/meditacao.php).

A palavra Meditação vem do latim "meditare". Meditação é se conectar com o campo de pura energia, silenciar a mente e deixar que os caminhos neurais se cruzem, e expandam e se fortifiquem, por meio do silencio. Cruz 2010, aponta que há mudanças na estrutura e funcionamento cerebral, ocasionando maior foco de atenção e concentração, melhora na retenção de informações e, consequentemente na memória e a ativação do córtex pré-frontal, responsável pelo controle das emoções e noção de causalidade (freio inibitório), por exemplo, possibilitando ao indivíduo frear ações que considera inadequadas ou indesejadas, auxiliando também na aprendizagem de um novo modelo de ação.

Porém todas elas seguem o mesmo objetivo, silenciar a Mente, mesmo que seja em um pequeno intervalo de tempo para transcender a fisicalidade, baixar a frequência cerebral e acessar a essência interior.

Nesta obra, tenho a intenção de mostrar os benefícios da Meditação em relação a memória. Sem deixar é claro de salientar que a Meditação praticada diariamente traz benefícios para todo o corpo humano começando pela "raiz o cérebro". Observemos a crença de Aristóteles a seguir:

O famoso filósofo grego Aristóteles (384-322 a.C.) ateve-se firmemente à crença de que o coração era o centro do intelecto. Qual função Aristóteles reservava para o encéfalo? Ele acreditava que o encéfalo era um radiador, cuja finalidade seria resfriar o sangue que se superaquecia com o coração que fervilhava. O temperamento racional dos seres humanos era então explicado pela grande capacidade de resfriamento do encéfalo. (fonte: BEAR_Neurociencias_4ed_BOOK.indb).

Nosso objetivo é despertar o interesse para a Meditação e mostrar o quanto esta prática pode ajudá-los, nos seus estudos, no relacionamento com a família, com professores, com os amigos, na empresa, na arte, pode beneficiar outras pessoas do seu meio e principalmente no seu relacionamento íntimo com você mesmo.

FATOS CIENTÍFICOS

São centenas de estudos realizados com pessoas das mais variadas idades e são muitos artigos científicos que comprovam benefícios em várias áreas da vida assim, como os benefícios para o corpo físico. Vamos apresentar algumas destas descobertas inéditas.

Com base em vários estudos, realizados em neurociências, meditação e aprendizagem apresentaremos exemplos como o da imagem abaixo, este nos motiva a ir fundo e estudar alguns fatos como esses da pesquisa realizada por Sara Lasar, neurocientista do Massachusetts General Hospital e Harvard Medical Scholl. Ela "foi uma das primeiras cientistas a analisar os efeitos da meditação no cérebro. Ela ficou surpresa, pois constatou que "a Meditação pode literalmente mudar o seu cérebro". Observe a imagem abaixo:

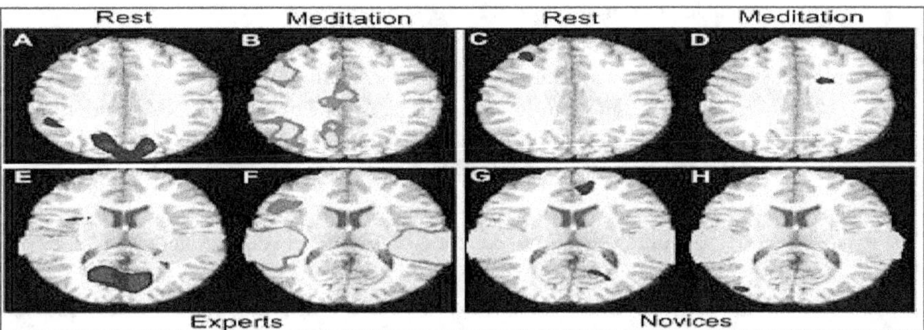

Imagem 1: Neurocientista de Harvard: "A meditação muda o cérebro. Entrevista com Sara Lasar (Disponível em: https://budismopetropolis.wordpress.com/2018/05/27/neurociencia-e-meditacao/)

Sara Lasar, 2018 descobriu que há diferenças no volume cerebral após 8 semanas de meditação. Estas mudanças ocorrem em 5 regiões diferentes no cérebro nos 2 grupos observados. No grupo que aprendeu Meditação, encontramos esta "mudança" de aumento de volume em quatro regiões cerebrais.

Vamos entender a imagem nos resultados na entrevista realizada com Sara Lasar, na íntegra:

1. A diferença principal, encontramos no cingulado posterior, que está envolvido em divagações mentais, e auto relevância.

2. O hipocampo esquerdo, que auxilia na aprendizagem, cognição, memória e regulação emocional.

3. A junção temporo parietal, ou TPJ, que está associado com a tomada de perspectiva, empatia e compaixão.

4. Uma área da haste do cérebro chamada de Pons, onde uma grande quantidade de neurotransmissores reguladores é produzida.

A amígdala, a parte de lutar ou fugir do cérebro que é responsável pela ansiedade, medo e estresse em geral. Essa área diminuiu de tamanho no grupo que passou pelo programa de redução de estresse baseado em meditação de atenção plena.

A mudança na amígdala também se correlacionou com uma redução nos níveis de stress.

Q: Então, quanto tempo é que alguém tem que meditar antes de começar a ver mudanças em seu cérebro?

Lazar: Nossos dados mostram mudanças no cérebro após apenas oito semanas.

Em um programa de redução de estresse baseado na meditação de atenção plena, nossos participantes faziam uma aula semanal. Eles receberam uma gravação e foi dito para que praticassem por 40 minutos por dia em casa. E é isso.

Q: Então, 40 minutos por dia?

Lasar: Bem, foi altamente variável no estudo. Algumas pessoas praticavam 40 minutos praticamente todos os dias. Algumas pessoas praticavam menos. Alguns apenas um par de vezes por semana. Em meu estudo, a média foi de 27 minutos por dia. Ou cerca de meia hora por dia.

Q: Dado o que sabemos a partir da ciência, o que você incentiva os leitores a fazer?

Lasar: Meditação é como exercício. É uma forma de exercício mental, treino da mente, realmente. E assim como o exercício aumenta a saúde, ajuda-nos a lidar com o estresse melhor e promove a longevidade, meditação pretende conferir alguns desses mesmos benefícios. Mas, cientificamente, ainda é cedo para tentar descobrir o que a prática pode ou não pode proporcionar.

Parece ser benéfico para a maior parte das pessoas. A coisa mais importante se você quer tentar, é: encontrar um bom professor. Porque é simples, mas também complexo. Você tem que entender o que está acontecendo em sua mente. Um bom professor é fundamental.

Q: Você medita? E você tem um professor?

Lasar: Sim e sim.

Q: Que diferença isso fez na sua vida?

Lasar: Eu venho praticando há 20 anos, por isso teve uma influência muito profunda em minha vida. É muito fundamental. Estresse foi reduzido, me ajuda a pensar com mais clareza. É ótimo para relações interpessoais. Eu tenho mais empatia e compaixão pelas pessoas. (Por Sara Lasar – Disponível em: https://budismopetropolis.wordpress.com/2018/05/27/neurociencia-e-meditacao/).

Podemos compreender então que mudamos a massa cerebral, assim como as conexões e assim conseguimos progressivamente, mudarmos pensamentos, atitudes, comportamentos. Podendo melhorar a cognição ao longo da nossa vida, mudar a frequência das emoções e mudar nossa realidade.

Para o Dr. Travis:

"Nascemos com nossos cérebros desmontados. Ao longo das duas primeiras décadas de vida, tanto a natureza quanto a criação se combinam para construir circuitos cerebrais capazes de suportar níveis cada vez mais abstratos de pensamento. Qual é o limite desse desenvolvimento? A maioria de nós atinge os limites do nosso potencial? Ou existem habilidades inerentes ao cérebro humano que a maioria de nós não percebemos "? Dr. Fred Travis. (Disponível em: https://meditacaotranscendental.com.br/beneficios/potencial-mental-foco-produtividade/)

Pesquisas científicas vêm difundindo os benefícios da prática de Meditação em estudos que mostram este tipo de prática capaz de modular e expandir os mecanismos de atenção para aumentar a nossa capacidade mental e melhorar a distribuição dos recursos cerebrais, segundo MENEZES e DELL'AGLIO (apud Carter et al., 2005; Slater et al., 2007).

No estudo apresentado a cima o Dr. Fred Travis PH. D constata que "há várias áreas do cérebro para ver, ouvir, pensar e sentir – para a raiva e a felicidade – para agir, decidir, planificar. Quando o cérebro é saudável todas as áreas funcionam em conjunto – estão interligadas". Ele mostra a importância de o cérebro estar saudável, pois o mundo está mudando o tempo todo. "Precisamos de um cérebro saudável integrado que possa avaliar onde estamos, decidirmos onde queremos estar e depois decidir que passos dar para lá cegar".

Observemos a imagem apresentada abaixo onde há 2 fotos do cérebro, em uma ele é bem mais claro que na outra:

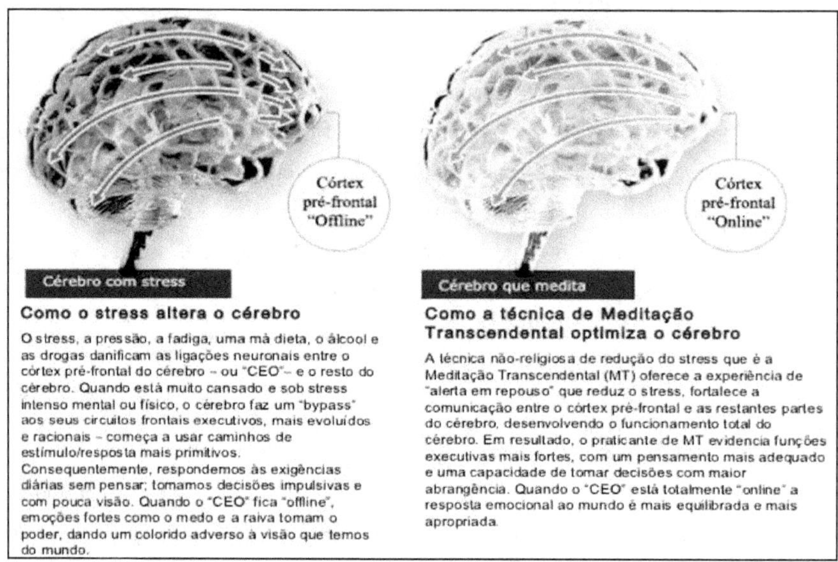

Imagem 2. Meditação Transcendental Efeitos no Cérebro. (Disponível em: https://pt.slideshare.net/ecpinto/meditao-transcendental-efeitos-no-crebro)

Com base nos estudos de Graeff, 2006, "A meditação disciplinada leva à observação imparcial dos eventos que se desenrolam na mente do próprio sujeito, atitude semelhante ao que preconizava Freud".

Segundo SHAPIRO; WALSH, 2006; MENEZES; DELL'AGLIO, 2009; REMPEL, 2012, apud Silva Rodrigues, a prática meditativa pode ser definida basicamente, como uma prática de auto regulação. Onde o foco é o treinamento da atenção e consciência e desenvolvimento como calma e clareza mental assim como objetividade e pensamento mais prático.

Transcender a fisicalidade mergulhados nas conexões neurais, adentrando aos emaranhados para desatar as amarras interiores, vamos soltando nossas asas para brilharmos ainda mais nestes caminhos escolhidos por nós em nossas vidas terrenas.

David Lynch Foundation for Consciousness Based Education and. World Peace, um dos maiores centros de pesquisa em meditação do mundo comprova que:

A Inteligência Criativa, ou Ser, é o responsável por toda a unidade da diversidade que constitui o Universo. Essa unidade é assegurada pela inteligência que regula a atividade do cosmos e que está permanentemente a criar e a transformar. A Inteligência Criativa existe em toda a parte e não há nada na vastidão cósmica que não seja constituído por ela. Estamos no seu interior e ela está dentro de nós.

É instigante saber também que:

Os textos que compilam a sabedoria mais antiga da humanidade, os Vedas da antiga Índia, localizam a sede desta Inteligência Criativa na consciência humana, no silêncio interior da mente aquietada, na fonte do pensamento. • A partir desta fonte, surgem na nossa mente pensamentos, milhões de pensamentos numa atividade criativa incessante. •Cada pensamento é, assim, um impulso de criatividade, inteligência e energia surgindo da fonte inesgotável de energia, criatividade e inteligência que é o Ser Puro e Transcendental, ou Inteligência Criativa.

E que a MT, uma técnica simples seja:

A Meditação Transcendental é um instrumento pessoal que permite que a atenção aceda a este nível do Ser, na fonte do pensamento.

A Meditação Transcendental e a Essência:

A Consciência Transcendental é a consciência do Ser Puro, Eterno, Omnisciente e Omnipresente que é a fonte de toda a diversidade da vida. Em termos da Física Quântica, é a experiência subjetiva do Campo Unificado de todas as leis da natureza.

Cientificamente age no cérebro:

"A Meditação Transcendental fortalece a comunicação entre o córtex pré-frontal e as várias áreas cerebrais, desenvolvendo a totalidade do cérebro".

Cientificamente age na criatividade:

"A Meditação Transcendental abre a percepção a um campo interior de criatividade e inteligência ilimitadas na fonte silenciosa da mente pensante".

Cientificamente age no antiestresse:

"A Meditação Transcendental promove a saúde ao reduzir a ativação do sistema nervoso simpático - o que, por sua vez, dilata os vasos sanguíneos e reduz as hormonas do stress".

Cientificamente age no trabalho:

"A Meditação Transcendental aumenta a performance ao reduzir o stress negativo, melhorando a saúde cardiovascular, potenciando a criatividade e desenvolvendo a totalidade do cérebro".

Cientificamente age na escola:

"A Meditação Transcendental desenvolve o pleno potencial do cérebro do estudante - aumentando o QI e melhorando a performance académica, ao mesmo tempo que reduz o stress, a ansiedade e a depressão".

Cientificamente age na sociedade:

"A Meditação Transcendental desenvolve um indivíduo saudável, criativo e pacífico - a unidade básica de uma comunidade, duma nação, de um mundo saudável, criativo e pacífico".

Acompanhe os resultados fascinantes da pesquisa a baixo:

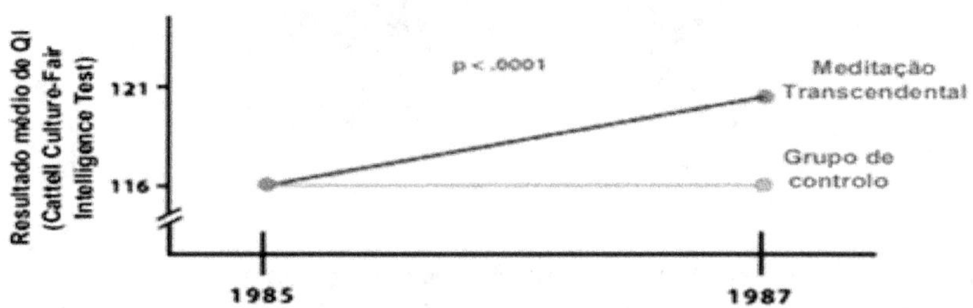

Referências: Personality and Individual Differences 12 (1991): 1105–1116. Perceptual and Motor Skills 62 (1986): 731–738. College Student Journal 15 (1981): 140–146. The Journal of Creative Behavior 19 (1985): 270–275. Journal of Clinical Psychology 42 (1986): 161–164. Gedrag: Tijdschrift voor Psychologie [Behavior: Journal of Psychology] 3 (1975): 167–182. - David Lynch Foundation for ConsciousnessBased Education and World Peace.

Estudantes da Maharishi University off Management em Fairfield, Iowa, EUA., que praticavam regularmente o programa de Meditação Transcendental e MT-SiDhi há 2 anos, aumentaram significativamente o nível de inteligência e a capacidade para tomar decisões rápidas quando comparados com estudantes de outra Universidade de Iowa. Esta conclusão confirma outros estudos que mostram um aumento de QI e uma reação de escolha mais rápida através da prática da técnica de Meditação Transcendental.

Seguindo esta descoberta incrível podemos constatar a:

Mobilização das Reservas Latentes do Cérebro
ATRAVÉS DA TÉCNICA DE MEDITAÇÃO TRANSCENDENTAL

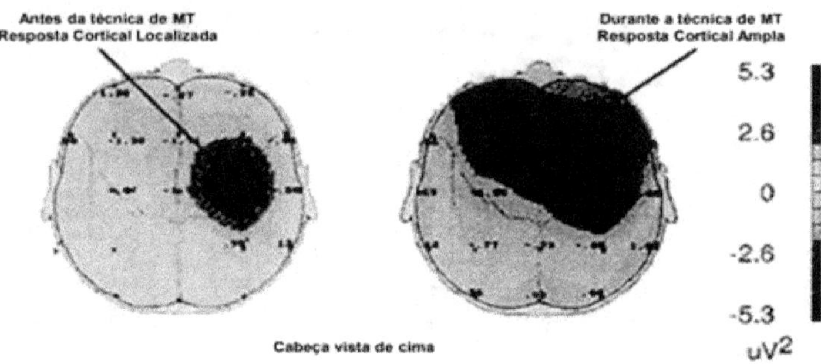

Referências: Proceedings of the International Symposium Physiological and Biochemical Basis of Brain Activity, St. Petersburg, Russia, (June 22–24, 1992). 2nd Russian-Swedish Symposium New Research in Neurobiology, Moscow, Russia, (May 19–21, 1992). - David Lynch Foundation for ConsciousnessBased Education and World Peace.

Este estudo concluiu que durante o programa de Meditação Transcendental alguns dos componentes mais básicos da resposta do cérebro à estimulação somático-sensorial (0–100 msec) são distribuídos de uma forma mais vasta em todo o cortex. O estudo, da autoria do Dr. Nicolai Nikolaevich Lyubimov, Diretor do Laboratório de Neuro cibernética do Instituto de Investigação do Cérebro de Moscovo, indica que durante o programa de Meditação Transcendental há um aumento das áreas do córtex que participam na percepção de informação específica e um aumento na relação funcional entre os dois hemisférios.

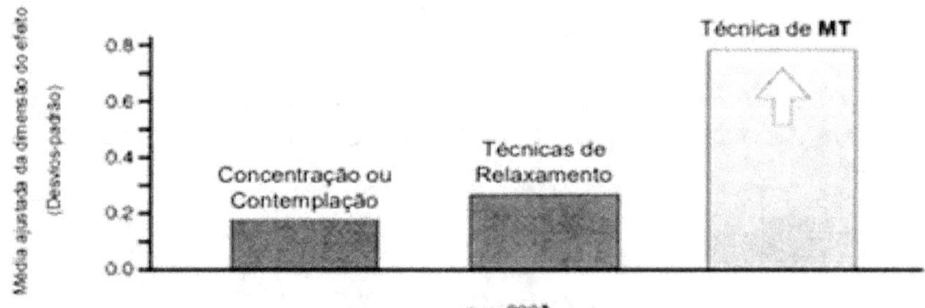

Referências: - Journal of Counseling Psychology 19 (1972): 184–187. - Higher Stages of Human Development: Perspectives on Adult Growth (New York: Oxford University Press, 1990): 286–341. - Journal of Social Behavior and Personality 6 (1991): 189–247. - David Lynch Foundation for ConsciousnessBased Education and World Peace.

Uma meta-análise estatística feita sobre todos os estudos disponíveis (42 resultados independentes) mostrou que o efeito do programa de Meditação Transcendental no aumento de auto realização é muito maior que o das técnicas de concentração, contemplação ou relaxamento. A auto realização refere-se à maior percepção do potencial interior, expresso nas várias áreas da vida: integração e estabilidade da personalidade, autoestima, maturidade emocional, capacidade para relacionamentos interpessoais mais calorosos e resposta adaptativa à mudança.

Podemos observar também que há:

Meta-análise estatística feita sobre todos os estudos disponíveis (42 resultados independentes) mostrou que o efeito do programa de Meditação Transcendental no aumento de auto realização é muito maior que o das técnicas de concentração, contemplação ou relaxamento. A auto realização refere-se à maior percepção do potencial interior, expresso nas várias áreas da vida: integração e estabilidade da personalidade, autoestima, maturidade emocional, capacidade para relacionamentos interpessoais mais calorosos e resposta adaptativa à mudança.

Como mostra o gráfico a baixo:

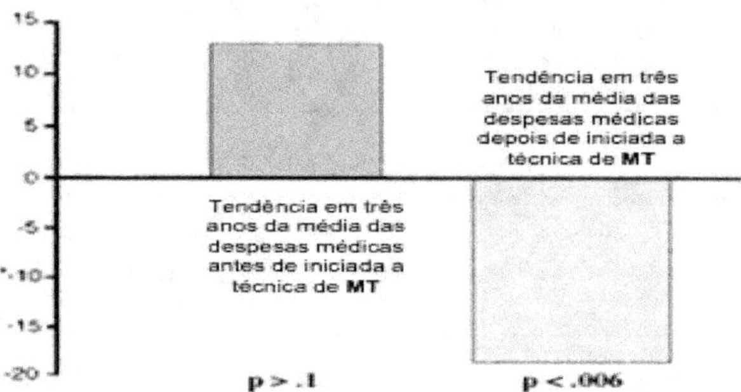

Referências: - Journal of Counseling Psychology 19 (1972): 184–187. - Higher Stages of Human Development: Perspectives on Adult Growth (New York: Oxford University Press, 1990): 286–341. - Journal of Social Behavior and Personality 6 (1991): 189–247. David Lynch Foundation for ConsciousnessBased Education and World Peace.

Este quadro mostra médias de três anos de despesas de saúde em serviços médicos de participantes antes e depois da prática do programa de Meditação Transcendental. Neste estudo, foram examinados os pagamentos do governo a serviços de médicos (cerca de 20% do total de despesas de saúde) em 677 beneficiários do serviço de saúde do Quebec que aprenderam o programa de Meditação Transcendental. Durante os três anos anteriores ao início do programa de Meditação Transcendental, as despesas dos sujeitos (ajustadas à inflação, idade e género) não se alteraram significativamente. Depois de aprenderem o programa de Meditação Transcendental, as despesas ajustadas dos sujeitos diminuíram significativamente em cerca de 5% - 7% ao ano.

Com os vícios a MT também traz resultados significantes:

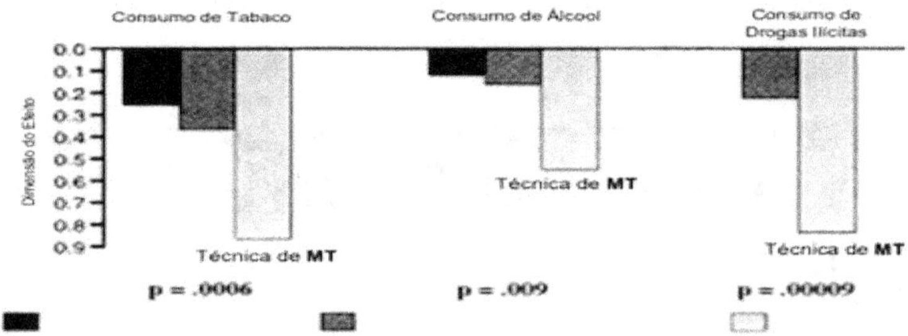

Referências: 1. Alcoholism Treatment Quarterly 11 (1994): 13–87. 2. International Journal of the Addictions 26 (1991): 293–325. 3. Self Recovery: Treating Addictions Using Transcendental Meditation and Maharishi Ayur-Veda. The Haworth Press, New York, (1994). David Lynch Foundation for ConsciousnessBased Education and World Peace.

Uma meta-análise estatística de 198 resultados de tratamentos independentes mostrou que o programa de Meditação Transcendental consegue uma redução significativamente maior no consumo de tabaco, álcool e drogas proibidas do que os tratamentos usuais para abuso de substâncias ou programas standard de prevenção. Enquanto os efeitos dos programas convencionais tendem a cair rapidamente no período de 3 meses, os efeitos do programa de Meditação Transcendental aumentam com o passar do tempo, com a abstinência total no tabaco, álcool e drogas ilícitas a atingir os 51%-89% num período de 18-22 meses. Os efeitos do programa de Meditação Transcendental baseiam-se em melhorias fundamentais que ocorrem no funcionamento psicofisiológico dos indivíduos.

Na redução dos níveis de ansiedade:

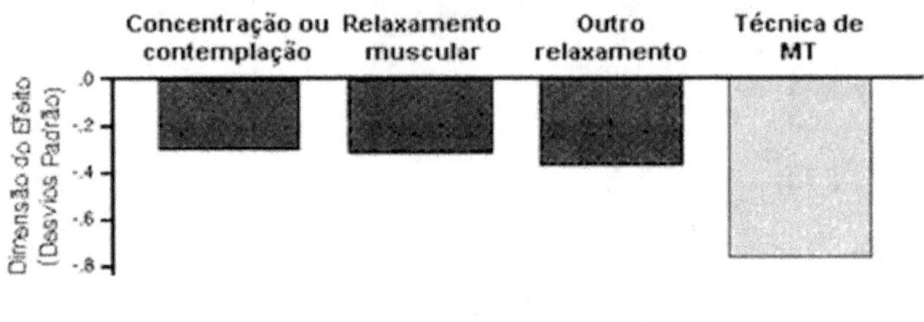

Referência: Journ. David Lynch Foundation for ConsciousnessBased Education and World Peace. David Lynch Foundation for ConsciousnessBased Education and World Peace.

Uma meta-análise estatística de 146 resultados de estudos independentes mostrou que o programa de Meditação Transcendental é significativamente mais eficaz na redução da ansiedade característica do que a concentração ou contemplação, ou outras técnicas.

Para a inteligência:

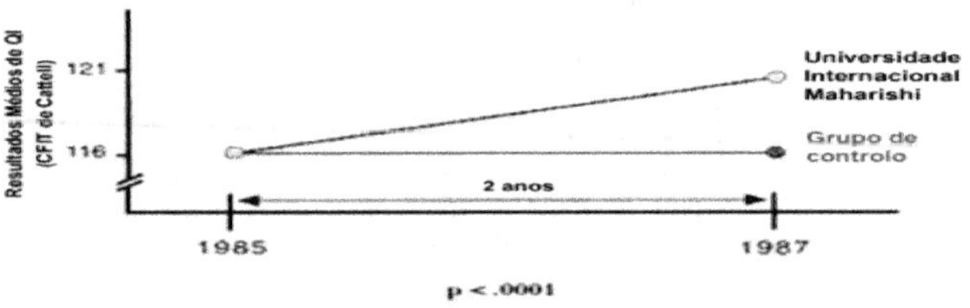

Referências: 1. Personality and Individual Differences 12 (1991): 1105–1116. 2. Perceptual and Motor Skills 62 (1986): 731–738. 3. College Student Journal 15 (1981): 140–146. 4. The Journal of Creative Behavior 19 (1985): 270–275. 5. Journal of Clinical Psychology 42 (1986): 161–164. 6. Gedrag: Tijdschrift voor Psychologie [Behavior: Journal of Psychology] 3 (1975): 167–182. David Lynch Foundation for ConsciousnessBased Education and World Peace.

Estudantes da Universidade Internacional Maharishi, em Fairfield, Iowa, E.U.A., que praticavam regularmente o programa de Meditação Transcendental e MT-Sidhi há dois anos, viram aumentar significativamente a sua inteligência bem como a capacidade para tomar decisões de escolha rápidas em comparação com sujeitos de controlo de outra universidade de Iowa. Esta conclusão corrobora outros estudos que evidencia.

E no âmbito académico podemos contar com benefícios também:

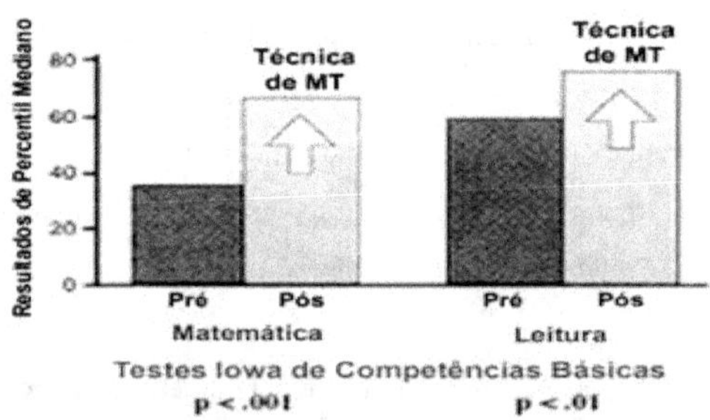

Referências: 1. Education 107 (1986): 49–54. 2. Education 109 (1989): 302–304. 3. Modern Science and Vedic Science 1 (1987): 433–468. David Lynch Foundation for ConsciousnessBased Education and World Peace.

Após um ano de prática do programa de Meditação Transcendental, estudantes do ensino básico mostraram ganhos significativos nos Testes Iowa de Competências Básicas, testes nacionais americanos estandardizados (ref. 1). Um segundo estudo mostrou ganhos relevantes em estudantes do ensino secundário (níveis 9–12) nos Testes Iowa de Desenvolvimento Educacional (ref. 2). Um terceiro estudo (ref. 3) mostrou que o tempo global de prática do programa de Meditação Transcendental estava significativamente relacionado com os resultados académicos, independentemente dos resultados de QI dos estudantes.

"Meditar é de aprendizagem simples, fácil de implementar, e não envolve crença ou mudança de estilo de vida. É uma ajuda eficaz e segura para tratar a Desordem por

Déficit de Atenção com Hiperatividade (DDAH), de acordo com um novo estudo na revista Current Issues in Education. E é considerada é uma ferramenta eficaz para defender a juventude contra o stress da vida académica, de acordo com um novo estudo publicado no International Journal of Psychophysiology.

Seja bem-vindo, ao universo de possibilidades.

A ESSENCIA NA APRENDIZAGEM

É cada vez mais crescente o número de pesquisas em neurociências apontando os benefícios da pratica de Meditação vimos apresentar alguns destes benefícios na fase da aprendizagem do ser humano.

Tais resultados podem ser comprovados na redução de ansiedade, melhora no índice da violência ente alunos e mudanças cognitivas significativas também em crianças com idade escolar. (Cruz, 2010).

A pratica de Meditação pode ser inserida nas atividades cotidianas diariamente ou semanalmente e dentro das escolas, como foi o caso da Escola Ananda idealizadora do Projeto Conectar tendo como apoio o Centro de Neuro educação como segue abaixo:

> Durante quase 20 anos de existência as atividades do Projeto Conectar são desenvolvidas durante 30 minutos, das 8:00 às 8:30, todos os dias letivos, com todos os educadores e educandos da Escola, desde o Grupo 2 (com crianças de 1 e 2 anos) até o 9º ano (14-15 anos), sendo que, os educandos do Ensino Fundamental II (6º ao 9º ano), realizam os exercícios, semanalmente, nas sextas-feiras, durante as aulas da disciplina Iniciação à Consciência. (Cruz, 2010, pag.03).

Para Cruz 2010, provar as mudanças na estrutura do funcionamento cerebral, melhora na retenção de informações e, consequentemente melhora na memória, melhor desenvolvimento emocional, motor, comportamental, melhora qualitativa em suas notas nas avaliações até mesmo influencia moral, é o que as pesquisas vem mostrando ao longo dos anos em alunos que praticam das práticas de Meditação.

Segundo Santos, 2010 apud Cruz, 2010, "quem medita regularmente, além de ter melhor foco em suas emoções e poder controlá-las melhor, reduz seu nível de estresse e estimula o funcionamento do sistema imunológico". Cruz 2010, ainda destaca que: "A ativação do córtex pré-frontal, responsável pelo controle das emoções e noção de causalidade (freio inibitório), por exemplo, possibilita ao indivíduo frear ações que considera inadequadas ou indesejadas e auxilia na aprendizagem" de um novo modelo de ação".

Vamos checar os benefícios da Meditação de acordo com o depoimento de alguns alunos participantes do Projeto Conectar da Escola Ananda:

Educanda A, 4 anos, já conhece os benefícios da meditação. "Eu sinto o meu coração bater". Isso me acalma. "Feche os olhos e respire". Orienta a Educanda B, 6 anos. "Cheire a florzinha e apague a velinha". Esse é o comando dado pela Educanda C, 6 anos, ensinando a fazer o exercício de respiração que a educadora do 1º ano do ensino fundamental, solicita durante a meditação.

Luciano Barreto Caldas, 19 anos, estudante egresso da Escola Ananda (de 11 anos aos 14 anos), conta que faz meditação desde os 11 meses de idade, quando chegou a esta escola, e continua fazendo, todos os dias, durante, no mínimo 20 minutos. "Isto me ajudou bastante, tanto na produção durante a aula, de ficar mais concentrado, mais atento, quanto também para a minha vida lá fora. Durante as pressões, tentações e provocações que nós sofremos todos os dias. Sem a prática da meditação eu não sei como seria, pois, ela me ajuda a manter a calma, a ficar atento, até mesmo para perceber os sinais que recebemos para podermos agir da maneira correta nas relações", afirma.

Gabriel França Silvério, 20 anos, estudante egresso da mesma escola (dos 2 aos 14 anos), conta a sua experiência com os exercícios aprendidos na escola, desde a mais tenra idade. "A prática da meditação e a disciplina Iniciação à Consciência me ajudaram bastante ao longo desses anos por conta de toda a minha formação. O que eu sou hoje é, totalmente, por conta da formação que eu tive aqui na Escola Ananda e dos meus pais. A meditação me ajudou muito, ela tem um valor imensurável. Todos os problemas, as pressões, as tentações que eu passei e passo, elas foram e são superadas utilizando esse aprendizado que eu tive, e que eu tenho ainda. A meditação se tornou uma prática que passou a ser prazerosa, que eu levo para o meu dia a dia", afirma.

Kléber, um médico recém-formado, egresso da Escola Ananda (dos 10 aos 14 anos), diz que a meditação acalma, diminui a ansiedade e favorece a concentração durante as aulas. "Ela nos distancia de problemas e divergências que podem ter ocorrido em casa; favorece desenvolver uma mente flexível, com uma visão ampliada das possibilidades. Sensibiliza para uma busca espiritual, qualquer que seja; cria a capacidade de autorreflexão; exercita, e com isso aprimora o autoconhecimento; com o autoconhecimento minimiza o número de conflitos na escola".

Lara Athayde, 19 anos, estudante de Fisioterapia, egressa da Escola Ananda (dos 2 aos 14 anos), afirma que a meditação "melhora a disposição na hora do aprendizado. Saiu uma pesquisa sobre a necessidade de o adolescente estudar à tarde, pois, como nesta fase ele necessita de mais horas de sono, pela manhã não tem bom rendimento. No caso de quem faz meditação pela manhã, antes das aulas, o rendimento é bem melhor. Ela descansa e direciona a mente, permite foco sem exaustão. Na vida adulta permite lidar com resignação, tolerância, paciência, aprender a lidar com as decepções, conseguir enxergar o real significado das relações sem se vitimizar". Lara continua fazendo a meditação e outros exercícios de conectividade todos os dias durante aproximadamente 30 minutos.

O Educando D, 7 anos, estudante do 1º ano do ensino fundamental, diz que gosta de meditar porque "fazer meditação é importante"! Ao questionar por que é importante a resposta foi: "É importante para a gente achar a luzinha que tem dentro da gente"! Ele descreve os exercícios que faz: "A gente faz uma roda. Quem faz o alongamento fica no centro e as outras pessoas vão imitando. Depois de alongar a gente medita. Um dia sentado, no outro deitado. A professora ensina a respirar e a dar atenção ao corpo. Ela diz – Cheira a florzinha e apaga a velinha. Depois disso cada um faz a sua prece individual, na mente, e a aula começa".

A Educanda E, 9 anos, estudante do 3º ano, diz que "a meditação ajuda com as coisas que a gente tem problemas. Se estou com dor de cabeça, por exemplo, e medito, a dor passa. A meditação ajuda a me relacionar melhor com os meus amigos, a me comunicar".

Educanda F, 8 anos, estudante do 3º ano, é novata na escola, mas já percebe algumas mudanças: "Quando saio da meditação sinto o corpo levezinho! A gente fica menos estressada! " (Cruz, 2010, pag. 05 - 08).

Podemos perceber que por meio da prática de Meditação é possível notar nos alunos o "senso de responsabilidade e a noção de causalidade muito mais cedo. Há um ganho significativo no rendimento escolar, melhorando consequentemente as notas e o desempenho dos mesmos". Com esta prática milenar os alunos passam a ter "Melhor desempenho escolar e um comportamento mais tranquilo deixando os educandos mais calmos, mais concentrados e menos hiperativos". (Cruz, 2010).

Assim:

> Aquietar a mente, manter o foco de atenção, diminuir o estresse, a ansiedade, o uso de medicamentos, melhorar a tomada de decisões, a criatividade, manter a calma e a tranquilidade, aprender a lidar melhor com frustrações, ou seja, ter mais qualidade de vida são os principais benefícios da meditação e de outros exercícios de conectividade, que consequentemente trarão resultados positivos na aprendizagem e em todos os aspectos relacionados ao desenvolvimento neural, sensorial, motor, emocional, cognitivo, e moral. (Cruz, 2010, pag.09).

Vamos acompanhar na íntegra um dos legados do criador da MT – Meditação Transcendental onde Mararishi Mahesh Yogi para educação mundial:

Projeto EBC – Educação baseada na consciência.

Cada indivíduo é uma célula do tecido social, um indivíduo feliz e realizado é a base para uma sociedade e um mundo melhores. Com este pensamento, Maharishi Mahesh Yogi deixou para o movimento da Meditação Transcendental a missão de leva-la para o maior número possível de pessoas. Assim, através dos nossos projetos sociais ensinamos milhares de pessoas no mundo:

✓ O Programa Educação Baseada na Consciência (EBC), tem por objetivo promover melhor desempenho cognitivo em estudantes de todo o mundo afim de cooperar na construção de indivíduos mais realizados, menos estressados e consequentemente cidadãos melhores.

✓ Por meio de técnicas que desenvolvem, sistematicamente, a consciência, a inteligência, a criatividade e o funcionamento integrado do cérebro, o programa possibilita que as pessoas possam experimentar maior sucesso a cada dia.

✓ Cabe à Pedagogia a responsabilidade de desenvolver a inteligência e a criatividade dos jovens, e esse é o recurso humano mais importante de um país. Para a Pedagogia Tradicional, a memorização dos conteúdos é a forma de apropriação de conhecimentos tidos como essenciais, é o aspecto objetivo do conhecimento.

✓ Coube à EBC desenvolver a base subjetiva, ou seja, a consciência do estudante. Refinar a consciência e o nível de alerta determinam a qualidade da inteligência, da criatividade, da confiança, da calma interior e da motivação, elementos fundamentais para uma boa Educação.

✓ "A Pesquisa Científica Mostra Que Estas Qualidades São Diretamente Desenvolvidas Através Do Programa De EBC, Que Aviva O Funcionamento Global Do Cérebro Através Da Experiência Do Pleno Potencial Da Própria Consciência. "

✓ Os Benefícios desta técnica para a mente, corpo, e comportamento social, tem sido documentado por mais de 700 estudos de investigação cientifica.

✓ Atualmente existem escolas em diversos lugares do mundo, como EUA, Austrália, Índia e Reino Unido, com ensino exclusivamente voltado para a EBC. Além disso existem mais de 500 escolas no mundo todo, inclusive no Brasil, que adotaram projetos de EBC com a introdução da prática de Meditação Transcendental para os alunos.

✓ Grande parte dessas escolas hoje são exemplos de sucesso do programa, com resultados excepcionalmente bons em relação ao desempenho acadêmico, esportivo e comportamental e nos mostram uma alternativa viável para produzir uma profunda e necessária mudança no nosso sistema educacional e consequentemente em toda a sociedade.

✓ Além do relaxamento que a Meditação Transcendental promove durante a prática, com certeza o prazer de viver uma vida mais plena e satisfatória é o que mais nos proporciona alegria.

✓ O melhor de tudo isso é que nos tornamos cada vez mais autorreferentes e autossuficientes em nossa busca por plenitude. Sem remédios, crenças limitadoras ou pré-conceitos. "A Mudança Começa Dentro". Hoje são mais de 100.000 Beneficiados somente no Brasil. (Disponível em: https://meditacaotranscendental.com.br/projetos-sociais-pelo-mundo/)

Segundo Menezes, Dell'Aglio, 2008, "com base na predominância de benefícios cognitivos e emocionais, sugere-se que a prática meditativa pode se constituir como uma ferramenta útil à Psicologia, concorrendo para um desenvolvimento psicológico saudável".

Na escola Municipal Lupércio Belarmino da Silva, de Santa Catarina, em 2014 foi introduzida a "Sessão de Meditação". Uma experiência com 60 alunos do 5° ano do ensino fundamental onde o grupo experimental foi de 23 e o de controle 37 num período total de 6 meses. "Ao final, todos foram submetidos a tarefas de fluência verbal livre, fonêmico-ortográficas e semânticas e os estudantes do grupo experimental tiveram desempenho superior". (Meditação Pode Favorecer Aprendizagem. Disponível em: https://www.revistaeducacao.com.br/e-hora-de-meditar).

Em 2014, nosso programa de meditação era oferecido a 13 escolas públicas de Porto Alegre. Neste ano, tudo se transformou completamente. Até junho, fizemos contato com 294 escolas públicas e particulares no país", conta Anmol Aurora, fundadora da ONG Mahatma. Atualmente, de acordo com seu levantamento, o programa de meditação da instituição alcança 27 mil estudantes no Brasil, prioritariamente, e em alguns países da América do Sul e da Europa. (Meditação Pode Favorecer Aprendizagem. Disponível em: https://www.revistaeducacao.com.br/e-hora-de-meditar).

Nos Estados Unidos é bem comum a prática de atividades como Meditação, já no Brasil só a partir de 2014 deixaram de ser algumas iniciativas isoladas para ganhar uma consistência maior e assim fazer com que nossos educandos sejam beneficiados com este grande legado Milenar.

Além da redução do estresse, reduz a agitação dos alunos, aumento da amorosidade entre eles melhoria da memória, atenção concentrada, e na compreensão dos conteúdos em sala de aula. "General Hospital e da Harvard Medical Scholl, assevera, a partir de estudos científicos, que a meditação pode, de fato, gerar alterações cerebrais significativas". "...os praticantes apresentam maior quantidade de matéria cinzenta em áreas do cérebro relacionadas ao córtex auditivo e sensorial". "Há, ainda, mais matéria cinzenta no córtex frontal, local associado à memória de trabalho e à tomada de decisões executivas". "Outras diferenças foram notadas nas regiões ligadas à aprendizagem, cognição, memória e regulação emocional, empatia e compaixão, além de uma diminuição da área ligada à ansiedade, medo e estresse em geral". (Meditação Pode Favorecer Aprendizagem. Disponível em: https://www.revistaeducacao.com.br/e-hora-de-meditar).

O estudo realizado por Napoli et al. (2005) indica que a incorporação de práticas meditativas no currículo escolar está associada à melhoria do desempenho acadêmico, da autoestima, do humor, da concentração e de problemas de comportamento. Assim, o currículo escolar, que antes, em sua maioria, sufocava a criatividade, a curiosidade e o entusiasmo através da passividade e do aprendizado superficial, passa então a estimular a criatividade, a flexibilidade, o uso e a retenção de informações, possibilitando um aprendizado mais significativo (Ritchhart; Rerkins, 2000). As práticas meditativas seriam uma das estratégias que podem contribuir para isso. (disponível em: https://www.revistaeducacao.com.br/e-hora-de-meditar/).

Segundo Silva Rodrigues 2014, a meditação, passa a ser uma estratégia aliada da escola. Os benefícios desta prática meditativa têm sido estudos tanto no contexto acadêmico quanto em diferentes faixas etárias, variando entre 7 e 40 anos, do ensino superior, do ensino médio e do ensino fundamental. Podendo perceber que estes feitos não se limitam apenas pessoas adultas, mais também a faixas etária menores.

A autora conclui que:

Os impactos das práticas meditativas de acordo com os estudos analisados são: diminuição de ansiedade; aumento das habilidades sociais; melhoria no humor; maior autocontrole; diminuição do estresse percebido; diminuição da fadiga; melhoria na autoestima; menor absenteísmo; melhoria na memória; maior atenção; melhor processamento vicio espacial; melhoria de funções executivas; melhor comportamento dentro do âmbito escolar. (Silva Rodrigues 2014, pag. 57. Disponível em monografia_pra_ticas_meditativas_revis_o_final_03092014.pdf).

Resumindo, a prática da Meditação ajuda a melhorar o foco e a atenção, e, também a ter mais autocontrole, gerenciar emoções, auxilia na automotivação, diminui o stress, contribuindo para um comportamento mais positivo elevando certamente o rendimento escolar ou acadêmico.

O aluno irá conhecer formas de respiração correta, aprender a tomar consciência do seu corpo e do seu meio. Esta prática auxilia no desenvolvimento intelectual, mas também é uma ferramenta para o controle emocional do aluno.

"Estudos científicos comprovam os benefícios da Meditação em centenas de crianças e jovens em Escolas e Universidades pelo mundo. No Brasil já são mais de 100.000 beneficiadas com esta prática".

A proposta para a juventude é utilizar objetos e sons para facilitar a aprendizagem e ajudar no aprofundamento sempre de maneira leve e divertida.

``Centenas de estudos científicos foram conduzidos sobre os benefícios do programa de Meditação Transcendental em mais de 200 universidades independentes e instituições de pesquisa em todo o mundo nos últimos 40 anos``.

Existem várias formas de meditar, não somente pedindo que os alunos fiquem estáticos e quietos, já que desde que bem conduzida.

8 MOTIVOS ESSENCIAIS

A seguir, apresentamos 8 motivos que te farão se apaixonar pelas práticas meditativas:

1.Cérebro

As práticas meditativas proporcionam a experiência de alerta em repouso. Reduz o estresse, fortalece a comunicação entre o córtex pré-frontal e as diferentes áreas do cérebro, desenvolvendo o funcionamento cerebral total, propiciando pensamento mais prático e a resposta emocional do praticante se torna mais equilibrada.

2.Saúde

Promove mais saúde, ao reduzir a ativação do sistema nervoso simpático que, por sua vez, dilata os vasos sanguíneos e reduz os hormônios do estresse, como a adrenalina, noradrenalina e cortisol. Trazendo múltiplos benefícios à saúde que são evidenciados por centenas de estudos científicos.

3.Foco

A "Percepção Abrangente Vem Da Quietude. Foco Vem Da Quietude" e as práticas meditativas promovem a quietude mental no mergulho profundo.

4.Criatividade

"Cresce A Alegria De 'Fazer'. A Criatividade Aumenta. A Intuição Aumenta. O Prazer Da Vida Cresce. E A Negatividade Se Vai.".

5.Produtividade

As práticas meditativas estão introduzidas em diversas empresas no Brasil e no mundo por "elevar a capacidade dos executivos e dos funcionários tanto na tomada de decisões, no planejamento, no julgamento, na criatividade e na inovação, melhorando também a saúde em geral".

6.Felicidade

A prática regular de Meditação Transcendental cria equilíbrio e harmonia no sistema nervoso e na fisiologia, proporcionando um estado de maior bem-estar, felicidade e realização.

7.Relacionamentos

Praticar meditação aquieta a Mente, Suaviza e Nutre O Coração. "O Resultado É Maior Apreciação Pelos Outros, Mais Harmonia, Carinho E Amor.

8.Paz

As pesquisas científicas evidenciam que, além de trazer paz para os praticantes, os efeitos também se estendem para o meio ambiente e a sociedade. "A prática coletiva por grandes grupos de pessoas demonstrou trazer vários benefícios sociais como diminuição da violência e do índice de criminalidade, redução do número de acidentes e até melhora de índices econômicos".

Podemos concluir então que o nosso cérebro é um mecanismo que pode ser treinado. Sabendo deste fato encontramos entre a neurociência e a aprendizagem uma técnica milenar, a Meditação como um elo de valiosíssima importância para nos tornarmos mais inteligentes, mais sábios, saudáveis, mais prósperos, mais tranquilos, mais em paz conosco e com o mundo ao nosso redor, ultrapassando assim as fronteiras convencionais da aprendizagem. A ciência vem se empenhando para que mais pessoas tenham conhecimento desta técnica de colocar a mente no sistema de "alerta em repouso". Fazendo com que este apoio possibilite o ser humano plantar novas sementes, e criar novas conexões para uma vida mais plena. Um portal perfeito e direto para a essência.

Capítulo 4

MERGULHAND O NA ESSÊNCIA

VEJA BEM...

Você está fazendo uma viagem em seu Veículo rumo ao destino.

Existem vários caminhos, várias possibilidades de chegar lá.

Alguns caminhos tem muitas pedras, subidas e decidas, morros enormes, e muitas

variações climáticas em alguns deles.

Embora haja muitos caminhos mais planos, estradas só faltam ser vermelhas

pra sentir-se em pleno tapete vermelho...clima ótimo e pedras? Nenhuma que chegue a

incomodar...Então, fica a pergunta que não quer calar...

Por qual razão você coloca seu veículo nesses caminhos tão pedregosos?

Por qual motivo você não escolhe caminhos planos, equilibrados e que te levem ao

seu Destino com mais Tranquilidade?

E se você soubesse como fazer essas escolhas?

E se você soubesse se manter nos caminhos onde você pudesse apreciar cada

momento com sua beleza...cada Agora?

E se você soubesse que o seu Veículo o fará chegar lá?

(Poema: Sandrà Staff)

MERGULHANDO NA ESSÊNCIA

Segundo o dicionário online podemos traduzir essência como: aquí o mais básico, o mais central, a mais importante característica de um ser ou de algo.

Há várias definições para esta energia que tudo permeia, esta energia de que somos feitos e de que tudo é feito. Vamos conhecer alguns nomes mais utilizados:

Prana na Índia; Chi na China; Energia Bi plasmática na Rússia; Ka no Egito; Pneuma na Grécia Antiga; Energia Vital ou Psíquica para a Rosa-cruzes; Luz ou Espírito Santo para os Cristãos; Argônio para Reich; Fogo Central para Pitágoras; Fogo Interior para Hipócrates; Magnetismo para Mesmer, Fluido da Vida para os Alquimistas; Mana para os Kahunas; Baraka para os Sufis; Substancia amorfa para Joseph Murphy, Ruach para os Judeus; Pneuma para os Gauleses; o Todo para Hélio Couto, Orenda para os Índios americanos.

Há várias teorias que nos dizem que o Espírito Precede a matéria, ou seja, essência precede a matéria, a energia precede a matéria e a fisicalidade que nos compõem e que enxergamos externa. Sendo assim, podemos dizer que a Essência precede a matéria.

Logicamente se a essência precede a matéria é neste nível onde criamos a fisicalidade desde que estejamos despertos e conscientes deste fato.

A energia vital, entra pela nossa inspiração, percorre todo o nosso corpo revitalizando todas as células em todos os níveis, e ao expirarmos, descarrega todo o estresse acumulado e energia estagnada, proporcionando uma harmonia perfeita.

Porém através de vícios, pensamentos negativos, alimentação inadequada, maus hábitos, vida atribulada, etc... acabamos deixando que se formem alguns bloqueios, que se acumulam em certos pontos energéticos, que podem ser comparados com as comportas de uma represa, prejudicando a livre circulação da energia vital, e em consequência manifesta-se uma desarmonia em níveis físico, emocional, mental, que pode ser detectada através de certas atitudes como: preocupação, medo, raiva, tristeza, baixa autoestima, stress, depressão, desânimo, etc...

Devemos compreender nosso corpo de forma completa "total", ou seja, não devemos dividi-lo em partes. A verdadeira saúde se encontra na harmonia em níveis físico, emocional e mental.

Há comprovações de que as doenças no corpo físico, a causa encontra-se em nível emocional, mental. Tudo o que acontece em algum nível, reflete-se nos outros. Por isso devemos procurar manter essa harmonia, para que nossa energia vital flua livremente. E para que possamos estar em harmonia com o Cosmos compartilhando com a energia de todos os elementos do Universo.

Como tudo é formado de energia, devemos ter consciência de que tudo está interligado, que interagimos com tudo e com todos ao nosso redor.

Dessa forma podemos afetar e sermos afetados: pelo ambiente, pessoas e elementos que contatamos. Devemos então mantermo-nos harmonizados para que essa troca seja positiva, e também para que tenhamos uma defesa caso entremos em contato com ambientes, pessoas ou elementos com a frequência vibratória inferiores.

Para elevarmos nossa frequência vibratória, podemos utilizar as várias ferramentas que se encontram a nossa disposição. Podemos mudar os hábitos que bloquearam o livre fluxo energético, assim como podemos acolher novos hábitos que nos auxiliem a equilibrá-la. E como já dissemos, algumas vezes nestas páginas, a meditação é um grande portal para a essência e suas milhões de possibilidades.

MEDITANDO NA ESSENCIA

Então surgem algumas perguntas: Como Meditar? Como fazer este mergulho tão misterioso e restaurador? Quais são os passos? Quais as práticas mais conhecidas e eficientes? Por qual motivo este mergulhar atrai cada vez mais adeptos e é desejado e comtemplado por tantas pessoas?

O objetivo deste instrumento com todos os portais apresentados é verdadeiramente estimular e facilitar que mais pessoas iniciem na prática e comecem a desfrutar seus benefícios do seu navegar.

É importante destacar que existem muitas técnicas simples, e seus benefícios são cumulativos no organismo humano que tende a ser cada vez mais saudável e consciente à medida que se vai pratica ao longo da vida.

A felicidade é um estado natural, ela pertence a todos nós, é um tesouro disponível, como: a saúde, o amor, a paz, a espiritualidade, a abundância, etc... Ela é o resultado da harmonia entre nosso corpo, mente e espírito. O equilíbrio de nossos desejos materiais e aspirações.

Todos possuímos o mesmo potencial, porém alguns, o exploram mais que outros. "Nenhum líder vai nos dar a paz, o que vai nos dar a paz, é a transformação interior, que nos conduzirá a ação exterior.

A transformação interior não é isolamento, desistência de ação exterior, ao contrário. Só pode haver ação correta, quando há pensamento correto, e não existe pensamento correto, quando não existe autoconhecimento. **"Sem conhecer a si mesmo, não existe paz". * Tulku".** A mente agitada está sempre fixada no passado ou no futuro, ao passo que meditar é concentrar-se no presente.

As práticas meditativas podem produzir um estado fisiológico de profundo relaxamento, junto a um estado mental desperto e altamente alerta. Um homem dormindo, consome 6 vezes mais oxigênio que meditando. Há uma diminuição no metabolismo e no ritmo cardíaco e respiratório. Fortalece o sistema imunológico, equilibrando o trabalho das células como um todo. É um dos melhores antídotos contra a angústia, ansiedade, depressão, medo, stress, etc...

Por meio da prática diária podemos alterar os padrões desarmônicos de pensamento que impossibilitam nosso equilíbrio. Aproximando-nos da cura. Quando entramos em estado meditativo, harmonizamos nossas emoções, proporcionando um estado de paz e serenidade.

Nas primeiras práticas, podemos demorar a alcançar esse estado, e algumas pessoas, nem o alcançam nas primeiras vezes. Porém, com a determinação, a cada prática o atingimos mais rapidamente, e seus efeitos são cada vez mais prolongados.

A meditação consiste numa harmonização cósmica, uma harmonia com o Todo que é capaz de conceber e amar, independentemente de qualquer crença religiosa. É entrar em estado alterado de consciência, é a busca da felicidade plena, alcançando a paz interior escolhendo adentrar neste portal para a essência.

O MESTRE INSTRUTOR

Ser um instrutor de meditação é basicamente uma função de amor, e o amor somente flui quando não há ego. Você só pode ajudar o outro na medida em que você não é egoísta. No momento em que o ego entra, o outro se torna defensivo. O amor não é agressivo, ele ajuda o outro a permanecer vulnerável, aberto, não defensivo. Portanto, sem amor não há instrução verdadeira em nome da ajuda você pode inclusive obstruir o seu crescimento.

Para Rajneesh Chandra Mohan Jain, o conhecido iluminado Osho, a sociedade é orientada pela mentalidade masculina, pela agressividade, o único desejo da sociedade é conquistar, para isso você precisa abandonar tudo o que é feminino em você, isto é, metade de seu ser, e viver com a outra metade. Uma metade não pode ser saudável, porque saúde vem da totalidade. O feminino tem que ser aceito. O feminino é o não ego, a receptividade, o amor.

Uma pessoa realmente saudável é aquela que está totalmente equilibrada entre o masculino e o feminino, ela não é masculina nem feminina – simplesmente é. Você não pode categorizá-la. Ela é plena e sã. No oriente ela é olhada como o Mestre.

Quando as pessoas estão mentalmente perturbadas, no Oriente, elas vão a um Mestre. O Mestre não o ajuda a conseguir um ego mais forte, na verdade, ele faz você sentir que o ego que você tem já é demais, que você precisa abandoná-lo, deixá-lo ir. Uma vez que o ego foi abandonado, você é uno, pleno e fluídico. Deixa de haver bloqueio e obstáculo.

O instrutor não tem que fazer nenhum trabalho, ele tem de tornar-se apenas um veículo para a energia de Deus. Ele tem somente que estar disponível como um bambu oco, para que Deus possa fluir através dele. O curador deve ser simplesmente uma passagem.

Segundo os orientais, o paciente é alguém que perdeu seu contato com Deus. Ele criou uma muralha à sua volta tão grande, que não sabe mais o que é Deus, que é a totalidade. Ele está totalmente desconectado de suas raízes, da própria fonte da vida. É por isso que está doente, mentalmente, fisicamente, ou de qualquer outra maneira. A doença indica que perdeu a trilha da fonte. Instrutor tem como função conectá-lo com a fonte novamente. A fonte foi perdida, mas, a conexão ainda persiste.

Uma pessoa está escondida atrás de uma parede. Você segura sua mão. Deixe-a ficar escondida, apenas segure sua mão, mesmo que seja através de um buraco na parede...o importante é que ela confia em você. Se ela pode confiar no Instrutor, ela pode dar a mão a ele. Você é o vazio, simplesmente em sintonia com Deus, e a energia começa a fluir. Essa energia é tão vital, tão rejuvenescedora, que acaba dissolvendo a muralha em volta do paciente, ele alcança um vislumbre do não ego. Esse vislumbre o faz são e pleno.

Saiba tudo o que é preciso saber, mas não se prenda a isso. Fique disponível para que Deus possa fluir através de você. Deixe-O ser a fonte. Isto é o amor.

"O amor relaxa o outro. O amor dá confiança ao outro. O amor banha o outro, cura suas feridas".

Um instrutor de excelência pré-identifica a linguagem adequada ao público alvo. Lembrando que um instrutor é um comunicador.

Por exemplo antes de dar uma aula de meditação para crianças faz-se necessário pesquisar profundamente como a cabeça de uma criança funciona na comunicação. Há uma diferença quando se diz "Inspire, expire" para adultos e para crianças. Geralmente uma criança compreenderá melhor a comunicação em metáforas, fábulas e palavras que as induzam a imaginar. Assim o "Inspire, expire" ficaria bem melhor ao dizer para as crianças: imagine a sua frente uma flor e uma velina. Agora você inspira cheirando a florzinha e expira soprando a velinha.

> "A apenas fechar os olhos, respirar e inspirar não é atrativo para a criança. Mas criando um ambiente mágico e lúdico, ela começa a acompanhar, sente que aquilo é gostoso e se interessa cada vez mais. As histórias conversam com as emoções e os sentimentos da criança".

Para um idoso devemos evitar gírias ou palavras que possam ferir seus valores morais. Exemplo:

"Agora cara você inspira como se estivesse brisando na erva" e solta fazendo aqueles círculos de fumaça no ar".

Este é somente um exemplo, para ressaltar que um comunicador deve estar adequado verbalmente e não verbalmente com público de meditação.

Utilizar frases diretas que gerem imagens rápidas é bem mais produtivo tanto para os pequenos quanto para os adultos.

AULAS INICIÁTICAS

De onde vem os pensamentos? Lauro Trevisan em seu livro O Poder Infinito da Sua Mente destaca que existem no interior da criatura humana riquezas imensas, mais grandiosas do que todas as riquezas do universo. No mundo insondável do subconsciente está a mina inesgotável que contém a satisfação de tudo o que o homem sonha e deseja para si. Já dizia Sócrates, o famoso filósofo grego que viveu quatrocentos anos antes de Cristo: "Em qualquer direção que percorras a alma, nunca tropeçarás nos seus limites".

O corpo, portanto, é o resultado da mente. Como a mente é controlável, a saúde e a doença podem ser controladas, a mente em estado de perfeita ordem e harmonia gera um corpo em perfeita ordem e harmonia, ou seja, em estado de saúde. Por outro lado, a mente é o agente de todos os estados intelectuais, emocionais, sensoriais, extra-sensoriais.

A mente é uma só, mas tem três funções ou características: mente consciente, mente subconsciente e mente inconsciente.

A mente consciente é a mente racional, objetiva, é a mente que pensa, analisa, raciocina, deduz, tirar conclusões, seleciona, censura, dá ordens, determina, imagina, ou seja, é a mente servida pelos sentidos, que fica em estado de vigília e é responsável pelo que você é.

A mente subconsciente é a mente subjetiva, pode ser acessada com relativa facilidade, é impessoal, não seletiva, cujo papel é cumprir as ordens que recebe da mente consciente através do pensamento. Tudo que a mente consciente aceita como verdadeiro, a mente subconsciente também aceita e realiza. Mas é nas profundezas do subconsciente que reside o poder infinito, a sabedoria infinita, a saúde infinita, enfim, todas as potencialidades.

A mente consciente age e a mente subconsciente e mente inconsciente reage de acordo. Wiliam James, pai da moderna psicologia americana, disse que o poder de mover o mundo está no subconsciente. O que você grava na mente subconsciente, esta moverá céus e terra para tornar realidade física.

Para uma aula iniciática de excelência em práticas meditativas o procedimento é o mesmo para uma vivencia em grupo, seja escolar, universitário, empresarial, cultural em fim o público alvo você define. Defina seu público!

Escolha uma única técnica de meditação para a fase final da aula. Inicie fazendo uma introdução mostrando algumas referências e os benefícios da prática para os níveis físicos, mentais e emocionais.

Promova um bom relaxamento, então aplique a Técnica escolhida e verifique os resultados escolhendo algumas pessoas para darem o depoimento de como foi a experiência. Há sempre pessoas que gostam de compartilharem o que sentiram. Aproveite.

Agradeça a pessoa, deixe seu contato visível e se despeça com gratidão.

A IMPORTANCIA DA VERIFICAÇÃO

Quando somos instrutores em meditação, somos considerados mestres neste caminho, e temos de levar em consideração que ninguém vai saindo por aí instruindo no mergulho da meditação sem antes vivenciar esta prática. Sendo assim, a etapa da verificação é o momento de checar por meio do feedback do aluno se ele está no caminho certo e reconduzir pela mão se isso não estiver acontecendo com o praticante.

Para uma verificação de etapas eficaz é necessário saber:

- Se a postura estava correta

- Se a respiração estava correta

- Se a linguagem está sendo correta para faixa etária

- Se houve momentos de tensão

- Se houve mergulho profundo

- Deixe o iniciante falar de sua experiência e entre em rapport com ele.

- Raramente se tem catarse do tipo manifestação de choro, tremor, dor de cabeça, penas aja naturalmente até o sintoma passar. Geralmente entre 5 ou 10 minutos o estado emocional do praticante estará estável.

Muito importante abster-se de qualquer julgamento em todos os momentos da verificação em ralação as experiências compartilhadas pelos participantes.

Capítulo 5
PRÁTICAS PARA JOVENS E ADULTOS

ENTREGUE

Soltar os laços

Diminuir o ritmo dos passos

Atentar para a respiração

Inspirar as bênçãos

Expirar a Gratidão

O alvo sempre no coração

No pulsar leve e humanitário

Na cadência do subir e descer do pulmão

O relógio descompassa o tempo real da missão

Só o ajuste ajuda a melhorar a visão

O descontente oculto ganha outra forma

Move-se na beleza, na sutileza

Volta Sorridente, centralizado, apaziguado

Então vê o círculo todo, até mesmo cada triangulo

Desapegado, libertado, iluminado

Agora, conectado ao corpo e a alma de que é formado.

(Por: Sandrà Staff)

PRÁTICAS PARA JOVENS E ADULTOS

Estas práticas meditativas foram amorosamente selecionadas para proporcionar transcendência e as mais variadas experiências no seu mundo interior e ext

Estas técnicas podem ser vivenciadas por jovens a partir dos 10 anos de idade. Cada meditação presenteada a partir de agora nestas páginas é um portal para a essência.

Vamos conduzir você no passo a passo te segurando pela mão em cada prática emocionante, misteriosa e transformadora para que possa fazer seu mergulho intimo nos sabores, sensações e aromas surpreendentes da essência.

MEDITAÇÃO TRANSCENDENTAL

Tudo começa com o Curso com um professor habilitado.

A técnica de Meditação Transcendental é ministrada através de em um curso, seguido por uma série de sessões de verificação, que visam assegurar a prática correta da técnica para que os máximos benefícios possam ser alcançados. A partir dos 10 anos é possível praticar a técnica.

Perceba as etapas:

•Palestra Introdutória (de 1 a 1:30 hora): Define a técnica da TM, e explica os benefícios nas áreas de: potencial mental, saúde, relações sociais e paz.

•Palestra Preparatória (de 1 a 1:30 hora): Apresenta uma explicação intelectual sobre a mecânica da técnica, do por que ela é tão fácil de aprender, e no que ela se diferencia de todas as demais formas de meditação, bem como explica as origens do programa de TM.

•Entrevista pessoal (5-10 minutos): Uma breve entrevista privada com o professor de TM treinado para responder qualquer pergunta adicional e marcar uma hora por instrução pessoal.

•Instrução pessoal (60 minutos): Instrução da técnica de TM por um professor de TM treinado.

•Três dias de Verificação (90 minutos cada): Os três dias servem para assegurar que cada novo meditador está praticando a técnica corretamente e está ganhando os máximos benefícios. Nestes dias de verificação se estimula que todos os que aprenderam meditar em um determinado dia comecem a levantar perguntas e discutir experiências em conjunto.

- Seguimento (20-30 minutos): Uma vez você completou estes sete passos, você tem o conhecimento intelectual e experimental de como meditar. Logo vem uma série de importante de sessões de verificação pessoais mensais para assegurar que você está meditando corretamente e está ganhando todos os benefícios.

A verificação é realizada pelo instrutor que o conduzirá aos próximos passos. O professor oferece o mantra pessoal para o aluno segundo sua faixa etária.

Segue a lista dos mantras e a faixa etária que eles estão destinados para:

FAIXA DE IDADE DOS MANTRAS

Eng. 0-11

Em12-13

Enga 14-15

Ema 16-17

Leng18-19

Lem 20-21

Lenga 22-23

Lema 24-25

Shirim 26-29

Shiring 30-34

Kirim 35-39

Kiring 40-44

Hirim 45-49

Hiring 50-54

Sham 55-59

Shama 60+

Os mantras não têm uma definição ou significado.

As vibrações do som através do seu corpo ajudam a balancear toda a sua saúde

Promovendo um verdadeiro equilíbrio.

A descrição das etapas a seguir são de sessão única. Siga a sequência corretamente:

1. Se você não tem o hábito de meditar, e importante definir o tempo que irá se dedicar em cada sentada. Você pode contar com a ajuda de um despertador para marcar o tempo e logo não necessitará mais do relógio a medida que for praticando dia a dia.

2. Preparação: você pode colocar uma música ambiente própria para meditação daquelas sem letra. Crie o ambiente perfeito para esquecer que exista um mundo lá fora, assim a transcendência será mais rápida e mais profunda.

3. Respiração: O foco é a respiração. Respire lentamente pelo nariz, sentindo o ar passar por seu corpo, por suas narinas. Abra o peito. Solte o ar pela boca e esteja atento de como o ar enche seus pulmões e passa pelo seu corpo.

4. Comece a entoar seu mantra: você pode repetir mentalmente ou verbalmente baixinho. Entoar o mantra permite que o som da palavra, ou seja, sua frequência vibratória transpasse seu corpo. Acolha seu mantra como um tesouro valioso e frágil. Inspire o ar e expire seu mantra. Assim por diante. Permita e sinta seu mantra embalar sua mente.

5. Continue focado no mantra mesmo que pensamentos venham a sua cabeça. Apenas deixe-os passar. Com a prática constante, os pensamentos se tornaram cada vez menores e menos perturbadores. Logo o som do seu mantra será único na mente. Você se tornará tranquilo e calmo como jamais se sentiu antes.

MEDITAÇÃO ZAZEN

Zazen, Za, sentado e Zen", em "meditação, trazendo do japonês. Tem suas raízes na tradição zem budista chinesa, traz referência do monge indiano Bodhidharma do século 6 d.C.

Esta meditação "é geralmente praticada na posição sentado – no chão – sobre uma esteira e uma almofada, com as pernas cruzadas. Tradicionalmente é feito posição de lótus ou meia-lótus, mas não é necessário seguir essa regra".

Segundo orientações da Monja Coem em suas palestras podemos observar: é importante manter as costas eretas, da pélvis até o pescoço. A boca é mantida fechada e os olhos levemente abaixados, com o olhar descansando, mirando um ponto imaginário cerca de meio metro à sua frente, fixando um ponto fixo à frente de uma parede branca de preferência.

Vamos ver o passo a passo e entre neste portal:

1. Inicie esta prática sentando-se em uma posição confortável, pode ser em cima de uma almofada. Pode ser em uma cadeira. Se for em uma cadeira sente-se na parte da frente com os pés paralelos ao chão e a coluna bem ereta.
2. Faça o alinhamento da cervical com a coluna e a cabeça como se existisse um fio que sai da parte superior da cabeça para cima fazendo ligação com o cosmos.
3. Puxe o ar pela boca conscientemente e solte lentamente fazendo o som Haaaaa.... Faça 3x.
4. Feche a boca mantenha a ponta da língua no céu da boca, respire pelo nariz e foque na respiração, mantendo os olhos em descanso e entreabertos.
5. "Isso pode ser mais fácil contando mentalmente a respiração – cada vez que você inspira, você conta um número em ordem decrescente, começando em 10, 9, 8, se você se distrair e perder a sua contagem, retome suavemente a atenção, recomeçando do 10."

No início é interessante ter um caderno de anotações para registrar as sensações, visões, confortos e desconfortos se eventualmente surgirem.

MEDITAÇÃO VIPASSANA/MINDFULNESS

"Vipassana" é uma palavra Pāli que significa "insight na natureza da realidade" ou "visão clara". É uma prática budista tradicional, iniciada por volta século 6 a.C. A é normalmente usada para discernir dois aspectos da meditação budista, a concentração-tranquilidade e investigação".

É uma prática de Meditação simples de ser praticada. Seu principal objetivo é obter uma "visão clara ou ATENÇÃO PLENA DO TODO E DE SI.

Vamos conhecer o passo a passo. Siga por este portal revelador:

Passo 1. Comece sentando-se em uma almofada no chão, de pernas cruzadas, com a coluna ereta. Ou, sentar-se em uma cadeira, sem apoiar as costas na cadeira. O primeiro passo é desenvolver a concentração por meio da prática por meio da respiração consciente.

Passo 2. Concentre toda a sua atenção, de momento a momento, sobre o movimento de sua respiração. Mantenha a atenção focada no movimento do abdômen, o subir e descer do abdômen. Até chegar o momento em que consiga sentir o ar deslizar suave sob a pele a baixo das narinas. Qualquer ruído além do foco na respiração se torna secundário e coadjuvante, embora perceba que outras sensações continuem a aparecer, sons, sentimentos no corpo, emoções, desejos, memórias, pensamentos acelerados etc. Tudo se torna ruído de fundo.

"A nota mental identifica um objeto em geral, mas não em detalhe. Quando você está ciente de um som, por exemplo, rotule-o como "ouvir" em vez de "moto", "vozes" ou "cachorro latindo." Se uma sensação desagradável surge, observe a "dor" ou "sentimento" em vez de "dor no joelho" ou "dor nas costas". Em seguida, volte sua atenção para o objeto de meditação primário (a respiração). Se sentir uma fragrância ou perfume, registre como nota mental "cheiro". Você não tem que identificar o cheiro".

Os grandes benefícios como resultado desta prática são, a serenidade, a paz e a liberdade interior.

MEDITAÇÃO PARA DISSOLVER QUALQUER DOR

Esta meditação foi inspirada para dissolver dores e assim, baixar a frequência vibratória do problema. **Comece agora e seja livre:**

- **Passo 1 - IDENTIFIQUE:** Pense no problema e veja em qual parte do seu corpo ele se materializa, onde está a carga;
- **Passo 2 - VEJA A FORMA MATERIAL:** Imagine o problema materializado como alguma forma física, por exemplo uma nuvem negra, ou uma pedra de gelo, ou um galho de espinhos...
- **Passo 3 - VERIFICAÇÃO DA INTENSIDADE:** De uma nota de 0 a 5 para essa carga, para este problema, para a intensidade ou desconforto ou de dor que ele te causa
- **Passo 4 - LIBERANDO A RESISTÊNCIA** (tudo a que você resiste, persiste): De as boas-vindas a este problema, faça as pazes com ele, pois ele está manifestado te alertando que algo está em desequilíbrio e é necessário mudar.... Seja grato

- **Passo 5 - PREPARAÇÃO:** Faça uma sessão de 12 respirações rítmicas profundas e sem pausa
- **Passo 6 - DSSOLVENDO:** A Inspirar veja mentalmente essa carga, forma, ou dor sendo derretida, dissolvida e transferida para todos os seus poros e ao Expirar isso tudo vai se esvaindo, saindo, evaporando através de todos os seus poros. Fique nessa parte até você perceber que a forma física se dissolveu e evaporou completamente. Agora expressando mentalmente gratidão pela limpeza, leveza.
- **Passo 7 -** Abras os olhos e de uma nota de 0 a 5 para o Problema.
- **Passo 8 - GRATIDÃO:** Termine o processo expressando muita gratidão, muita gratidão pela oportunidade.
  Repetir esta meditação até obter o resultado desejado.

MEDITAÇÃO DE REPETIÇÃO

O simples fato de parar e repetir uma palavra ou uma frase já nos leva a um estado meditativo. Para crianças certifique-se de frases bem curtas e divertida e inspiradoras para não se tornar cansativo e entediante para elas.

Peça para elas fecharem os olhos e imaginarem um objeto, uma planta como um girassol ou um ser da natureza.

Peça para imaginar que ela está repetindo chamando este ser que ela escolheu imaginar. Se for um girassol que ela repita:

- Girassol, brilha girassol, Girassol, brilha girassol,

Ou

- Cristal cor de rosa, Cristal cor de rosa,

Ou

- Amor, no meu coração, Amor, no meu coração,

Ou

- A paz enche o mundo de amor.

Faça uma sessão rápida respeitando a faixa etária – se 5 anos, medite apenas 5 minutos no total. Se 15 anos, quinze minutos e mais de 18 anos 20 minutos.

MEDITAÇÃO DO CADERNO MÁGICO

Normalmente utilizamos a oração para expressar ao Cosmos nossos desejos e solicitar sua ajuda. Esta técnica é uma forma de oração científica que poderá proporcionar a consecução de seus objetivos. Tenha consciência de que realmente deseja e necessita o que está pedindo, pois poderá consegui-lo:

1. **Passo:** Anote em sua agenda uma sequência de pelo menos 21 dias para esta pratica.
2. **Passo:** Providencie um caderno ou caderneta para escrever seus objetivos/sonhos/metas mais simples e mais ousados;
3. **Passo:** Escolha um lugar tranquilo onde você não será interrompido por pelo menos 20 min.
4. **Passo:** Sente-se confortavelmente, faça 3 inspirações profundas para relaxar;
5. **Passo:** Pegue seu caderno e note alguns objetivos/sonhos ou metas. Seja ousado. Não há limites para sonhar. Certifique-se de que está com a coluna ereta. Agora feche os olhos;
6. **Passo:** Agora com a atenção focada vai usando a imaginação e se vendo na primeira pessoa. Faça esta viagem vendo cada item realizado/materializado. Use os sentidos para dar veracidade a cada fato. Imagine o som das pessoas lhe parabenizando por sua meta alcançada. Sinta o cheiro do local ou do ar onde você está comemorando o sonho realizado. Veja as cores dos ambientes, as texturas de tudo ao seu redor e se sinta grato por tudo que você já alcançou. Sinta a alegria e a gratidão por ter realizado cada item. Você pode escolher trabalhar com um item de cada vez.
7. **Passo:** Para finalizar agradeça ao local onde passou estes minutos, seja grato a você e ao cosmos por estar lhe proporcionando esta experiência.
8. **8 Levante-**se e volte as suas atividades.

Geralmente quando retornamos desta atividade a frequência vibratória é alta, nos sentimos bem-dispostos, alegres e de bem com a vida.

MEDITAÇÃO DA CHUVA CRÍSTICA

Cure o seu Coração com esta Técnica do Perdão. Poderá ser utilizada por quem já superou a mágoa e deseja esquecer, suavemente, a situação. Também pela pessoa que não se sente perdoada e acha que ainda mantém com alguém qualquer ligação de ressentimento. Esta técnica não precisa de autorização da outra pessoa a quem se quer entrar em harmonia.

1. **Passo:** Escolha um lugar tranquilo onde você não será interrompido por pelo menos 20 min;

2. **Passo:** Sente-se confortavelmente, faça 3 inspirações profundas para relaxar;

3. **Passo:** Imagine a pessoa que você deseja entrar em harmonia bem a sua frente:

4. **Passo:** Declare, por meio da presença divina Eu Sou, envio uma chuva crística de amor para fulano (dizer o nome e pensar na pessoa na sua frente)

5. **Passo:** Fique alguns minutos imaginando uma chuva branca que leva amor, caindo sobre a pessoa e enchendo-a de bençãos. Pare a chuva com gratidão.

6. **Passo**: Permaneça de olhos fechados por mais alguns minutos e mergulhe no silencio.

7. **Passo:** Levante-se, olhe para o local onde meditou e agradeça ao deixar o local.

Este é um portal de conexão e cura.

MEDITAÇÃO CONTROLE DA MENTE

Esta técnica foi criada por José Silva, um parapsicólogo e técnico de eletrônica norte americano em meados de 1940. Era filho de imigrantes mexicanos, e no começo de sua vida trabalhou como engraxate e vendedor de jornais. Também serviu o exército, estudou e trabalhou com eletrônica e foi professor encarregado por um laboratório de eletrônica. Em resumo, trata-se de uma meditação para auto hipnose. Utiliza-se recursos de relaxamento, visualização, afirmações positivas e a auto hipnose. Aproveite este instigante portal para a essência:

1. Passo: Sente-se confortavelmente numa cadeira e feche os olhos.

2. Passo: Respire fundo e relaxe enquanto solta o ar. (relaxamento)

3. Passo: Conte lentamente de 100 até 1. (auto hipnose)

4. Passo: Imagine um local sereno que você conhece. (visualização criativa)

5. Passo: Diga mentalmente: Vou manter sempre o corpo e a mente perfeitamente saudáveis. (afirmações positivas)

6. **Passo:** Diga a si mesmo que, quando abrir os olhos no número 5, vai sentir-se totalmente acordado e melhor do que antes. Repita essa afirmação ao chegar ao número 3 e ao final, quando abrir os olhos. Diga: ***"Estou bem acordado e me sentindo melhor do que antes"***.

Com esta técnica é possível navegar em infinitas possibilidades.

MEDITAÇÃO DO CORPO DE LUZ

Esta meditação consiste num processo de limpeza energética em cada membro do corpo, ao cuidar do corpo energético vamos manifestando a saúde, a beleza, e a tranquilidade. Assim vamos eliminando as máculas, aquelas nuvens escuras que vão tapando o brilho do nosso espírito divino. Quando estamos imersos em nuvens escuras não conseguimos enxergar as oportunidades, a abundancia, o valor das pessoas, e vamos reagindo com base no medo inconsciente gerado por estas nuvens.

Imprima este quadro e cole em um lugar alto ao nível dos seus olhos, pois ele vai lhe servir de guia enquanto você vai fazendo uma varredura com a mão destra que vai passando por todo o seu corpo começando pela cabeça, enquanto a mão passiva fica virada com a palma para cima.

Vamos ao passo a passo:

Passo 1. Posicione-se em frente ao quadro de instrução fazendo uma verdadeira viagem em cada parte deste veículo seu que você conduz aqui na terra.

Passo 2. Inicie pela respiração. Inspire devagar e vá soltando lentamente até eliminar todo o ar do pulmão. Faça isto 03 vezes para relaxar e entrar em sintonia com o exercício.

Passo 3. Vire a palma da mão passiva para cima e com a mão ativa (a que você escreve e se alimenta) vá passando na cabeça limpando e energizando o cérebro esquerdo. Repita o mantra desta parte do corpo – Eu sou a Inteligência.

Passo 3. Na sequência vá passando a mão na cabeça limpando e energizando o cérebro direito. Repita o mantra desta parte do corpo – Eu sou luz.

Continue a limpeza e energização de cada parte do seu corpo seguindo o mapa a cima. Lembre-se de repetir o mantra para cada parte do corpo.

Em no mínimo 21 dias você terá um novo padrão de energia, de memória e de vitalidade que lhe auxiliará em todas as suas atividades e relacionamentos.

LIMPEZA ENERGÉTICA

Nossas mãos tem a potencialidade de receber e transmitir a energia vital.

1. Mão esquerda virada para cima para receber a energia.

2. Mão Direita vai limpando e aplicando a energia recebida pela outra mão.

3. Vai fazendo a limpeza em cada parte do corpo seguindo a ordem do quadro ao lado, lendo cada afirmação ``Eu Sou``...

CÉREBRO ESQUERDO	CÉREBRO	CÉREBRO DIREITO
Eu Sou a Inteligência — 3	Eu Sou a Luz — 1	Eu Sou a Sabedoria — 2
OLHO ESQUERDO — 5	**NARIZ**	**OLHO DIREITO** — 4
Eu Sou a Inteligência	Eu Sou a Luz	Eu Sou a Sabedoria
OUVIDO ESQUERDO — 7 Eu Sou a Compreensão	9 — 8	**OUVIDO DIREITO** — 6 Eu Sou a Sabedoria

BOCA — 10
Eu Sou a Luz, a Compreensão e a Sabedoria

BRAÇO ESQUERDO	CORPO & ÓRGÃOS INTERNOS	BRAÇO DIREITO
Eu Sou a Justiça — 12	Eu Sou a Beleza — 13	Eu Sou a misericórdia — 11
PERNA ESQUERDA	**ÓRGÃOS REPRODUTIVOS** Eu Sou a Fundação — 16	**PERNA DIREITA**
Eu Sou o Esplendor — 15	**PÉS** Eu Sou o Reino — 17	Eu Sou a Vitória — 14

Exercício De respiração

1. Inspire profunda e lentamente

2. Segura o ar quatro segundos no peito.

3. Solta o ar de vagar, até esvaziar todo o pulmão.

Cole esta folha no seu espelho ou na porta do seu quarto e não comente com as pessoas sobre este exercício.

Esta meditação é muito poderosa e aconselhamos que separe alguns minutos para mergulhar no silêncio da essência sentado duas vezes ao dia.

MEDITAÇÃO DO PERDÃO

Antes que você crie qualquer resistência em relação a esta palavra Perdão, quero que entenda que é necessário perdoar, porém, saiba que:

PERDOAR não é fechar os olhos para os maus tratos.
PERDOAR não é esquecer algo doloroso.

PERDOAR não é desculpar o mau comportamento.

PERDOAR não é minimizar ou negar o seu sofrimento.

PERDOAR não é se reconciliar com o autor da afronta.

Agora vamos entender o que é perdoar e porque é importante no seu processo evolutivo:

PERDOAR é assumir a responsabilidade por como você se sente.

PERDOAR é recuperar sua força e seu destino

PERDOAR é para você não para o autor da afronta

PERDOAR cura a quem perdoa e não a pessoa que lhe fez sofrer

PERDOAR é uma habilidade que precisa de treino

PERDOAR melhora sua saúde física e mental

PERDOAR é uma escolha

PERDOAR é uma decisão

PERDOAR é restituição

PERDOAR é liberar a carga/peso que não deixa você sair de onde está

PERDOAR é voltar a sentir a paz quando você libera quem lhe fez mal

Você pode PERDOAR e voltar a ser feliz! Faça apenas uma vez ou quando achar necessário perdoar.

1. Sente-se em uma posição confortável com as mãos apoiadas no colo com as palmas para cima.

2. Feche os olhos e vamos fazer o exercício de respiração respira contando até 2 e solta contando até 4. 6 vezes. (Esta etapa é muito importante)

3. Coloque as duas mãos viradas para cima agora em forma de concha.

4. Agora, visualiza tudo o que está te abalando, tudo o que está de machucando, tudo o está martelando na sua cabeça o tempo todo e toda a situação ou acontecimento que tenha te ferido ou está te ferindo. Visualize como uma cena externa de você e coloque esta situação/imagem/problema na palma da mão direita. Tenta enxergar tudo isto claramente na palma da sua mão.

5. Agora observe as cores disso tudo...que cor tem a situação/imagem/problema. Tente sentir a textura de tudo isso - é áspero, liso, aveludado; se você o tocasse, como seria o toque nisso tudo? E o cheiro? Que cheiro tem esse problema ou esse emaranhado de problemas? Senta o cheiro. Agora, de uma forma...que formato tem? É arredondado, quadrado, triangular...que forma tem situação/imagem/problema? Veja a imagem por completa.

6. Neste instante você percebe chegando a sua frente uma luz que vem do alto e para flutuando na altura do seu peito. Você é convidado a colocar a situação/imagem/problema que está nas suas mãos no centro dessa luz que flutua na sua frente. Você sabe que essa luz levará todo esse emaranhado de problemas toda essa dor e você confia que ao deixar ir você estará livre para dar um novo sentido a sua vida.

7. Mantenha suas mãos unidas veja-as na cor violeta, como se uma tinta fosse cobrindo suas mãos por completo. Esta Luz violeta irá proteger-te de tudo o que acabou de soltar.

8. E de olhos ainda fechados você sente essa cor violeta se espalhando pelo seu corpo todo selando o seu corpo, blindando, fechando e vai ficando brilhante, cada vez mais brilhante e você entende que esta luz faz parte para sempre...vá respirando e espirando fundo e soltando.

9. Quando se sentir confortável vá abrindo os olhos de vagar...e repetindo as palavras: 1 paz, 2 saúde, 3 sucesso.

Você pode PERDOAR e voltar a ser feliz!

MEDITAÇÃO DA CACHOEIRA COR DE ROSA

Esta meditação tem o poder de ativar a concentração e fazer uma renovação no campo eletromagnético por meio da chama rosa do 3º raio cósmico, tenho como sua Choram a Mestra Ravena da Grande Fraternidade Branca.

A meditação neste raio cósmico é capaz de torna-lo um verdadeiro imã para acontecimentos agradáveis e realizações pessoais.

Vamos lá? Nós lhe conduziremos a este portal.

Passo 1. Sente-se confortavelmente e feche os olhos.

Passo 2. Imagine que você está as margens de um lago lindo e tranquilo. Do lado direito deste lago há uma linda e suave cachoeira que jorra sua água de forma bem diferente. A água que cai da cachoeira é cor de rosa. Um rosa translucido e perfumado.

Passo 3. Você contempla a paisagem tomando atenção de cada detalhe, como a grama verde, as flores, os pássaros, o céu azul, com nuvens suaves e brancas, as pedras e a água rolando sobre as pedras.

Passo 4. Você caminha em direção ao lago para entrar na cachoeira e vai sentindo o frescor da grama sob seus pés.

Passo 5. Entra na água e se coloca em baixo da cachoeira e sente o prazer da água cor de rosa limpando e equilibrando cada elétron do seu campo. Sentindo a emoção da gratidão e uma unificação com o amor divino como nunca sentiu antes. Permanece alguns minutos vivenciando esta emoção.

Passo 6. Ao sair você percebe que está brilhante e se sente renovada. Cheia de vitalidade e disposição. Às margens do lago você olha para a cachoeira e agradece a oportunidade.

MEDITAÇÃO DE PROTEÇÃO

Pratique visualizar-se como nas figuras abaixo e com a prática logo você conseguirá se proteger rapidamente onde quer que você esteja sem precisar sentar-se, ou fazer algum ritual de preparação. Você pode escolher um método abaixo ou usar os dois ao mesmo tempo conforme for ficando prático neste exercício mental.

O resultado é instantâneo. Teste agora!

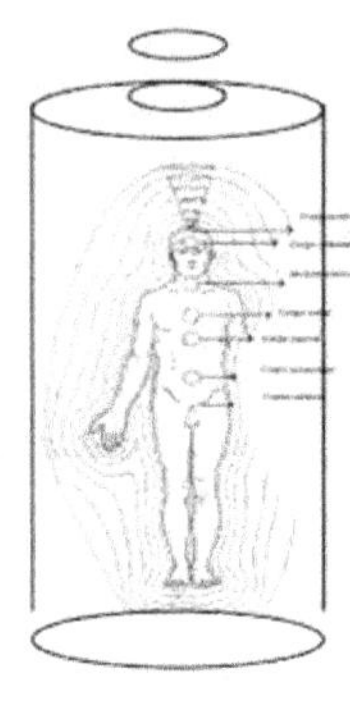

O CILINDRO DE LUZ:

Imagine um cilindro de luz protegendo seu corpo. Deixando apenas um furo no centro superior para receber a energia superior. Ele deve ser da cor que a sua intuição definir. Confie na sua intuição.

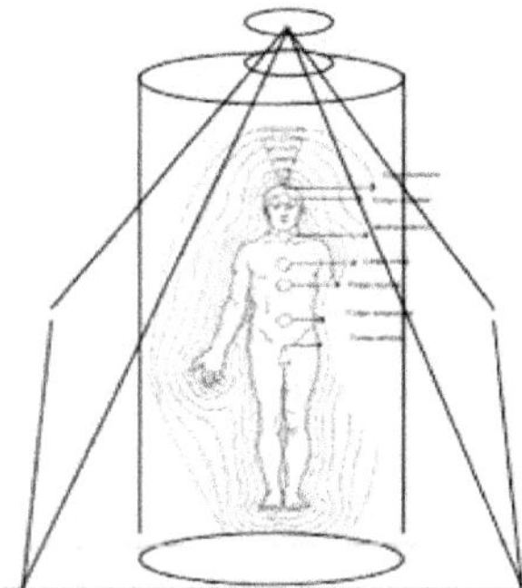

A PIRÂMIDE DE PROTEÇÃO:

Acima do cilindro de luz visualize uma pirâmide da cor que sua mente imaginar.

A pirâmide reforça a proteção e complementa a energia necessária para o equilíbrio e bem-estar.

Estas defesas psíquicas também podem ser feitas para os ambientes como sua casa, seu trabalho e até mesmo para seus veículos pessoais como carros e motos.

MEDITAÇÃO DINAMICA

Criada por Rajneesh Chandra Mohan Jain, um indiano mundialmente conhecido como Osho, esta meditação consiste em chacoalhões acompanhados de respiração ofegante, solta e emissão de sons, por uma dança espontânea até culminar na quietude. Desta forma "a energia ascendente vai despertando os chacras e provocando a revitalização do ser como um todo, além de equilibrar a sexualidade". "Ela é uma potente ferramenta para aliviar o estresse, acordar emoções e produzir intenso relaxamento", pode ser praticada no entardecer, momento antecedente recolhimento. "Todas as linhas ativas têm o poder de libertar o praticante do lixo emocional – traumas, desejos reprimidos, frustrações etc. – armazenado no inconsciente". A meditação dinâmica é uma Técnica vigorosa que funciona como poderosos antidepressivo, e nos coloca em alerta. Mais indicada para o início do dia. Na meditação Dinâmica propõe "respiração acelerada e expressão catártica, a qual permite gritos, socos em almofadas, deboche, xingamentos e risos, sucedida por entoação do mantra "hoo, hoo, hoo", trazendo a imagem do guerreiro interno, com pausa para se nutrir de silêncio com os braços erguidos, finalizando com a dança de celebração.

A meditação dinâmica é uma forma rápida de "quebrar velhos padrões enraizados no corpo-mente que mantém a pessoa presa ao passado, para experimentar expansão, liberdade, o testemunhar, o silêncio e a paz que estão escondidos por trás desses muros da prisão.

Saiba que:

Essa técnica de meditação é para ser praticada no início da manhã, às 6:00, quando, como Osho explica, "toda a natureza torna-se viva, a noite se foi, o sol está chegando e tudo se torna consciente e alerta".

"Esta é uma meditação na qual você tem que estar continuamente alerta, consciente, atento, em qualquer coisa que fizer. O primeiro estágio, respiração intensa e profunda, quebrando qualquer ritmo. Segundo estágio catarse, o terceiro estágio, o mantra," Hoo (Ru) ".

"Permaneça uma testemunha, não se perca é fácil se perder. Enquanto você estiver respirando você pode se esquecer, ... Você pode se tornar um só com a respiração tanto que você pode esquecer de ser uma testemunha. Aí então você perde o ponto. Respire tão rápido, tão profundo quanto possível, traga a sua total energia para isso, mas permaneça uma testemunha. Observe o que está acontecendo como se você for apenas um espectador, como se a coisa toda estiver acontecendo com outra pessoa, como se a coisa toda estiver acontecendo no corpo e a consciência esteja simplesmente centrada e observando. Este testemunho tem de ser realizado em todos os três estágios. E quando tudo parar e no quarto estágio você fica completamente inativo, congelado, então, esse estado de alerta alcançará o seu pico ". Osho

Siga o passo a passo - mergulhe em cada estágio portal libertador:

Instruções:

A meditação dura uma hora e tem cinco estágios. Mantenha os olhos fechados durante toda ela, usando uma venda nos olhos, se necessário. Ela pode ser feita sozinho e pode ser ainda mais poderosa, se for feita com outros.

Primeiro Estágio: 10 minutos

Respire rapidamente pelo nariz, concentrando-se na exalação. O corpo cuidará da inalação. Faça isso tão rápido e tão firmemente quanto possível; continue até que você literalmente se torne a respiração. Use os movimentos naturais do corpo para lhe ajudar a estruturar sua energia. Sinta sua energia se firmando, mas não amoleça durante esse primeiro estágio

Segundo Estágio: 10 minutos

Exploda! Expresse tudo que precisa ser jogado fora. Fique totalmente louco. Grite, berre, chore, salte, sacuda, dance, cante, ria; jogue-se para os lados. Não segure nada, mantenha todo seu corpo em movimento. Representar um pouco no princípio ajuda. Não permita que sua mente interfira com o que está acontecendo. Seja total, de todo coração.

Terceiro Estágio: 10 minutos

Com os braços erguidos, salte seguidamente gritando o mantra, HOO, HOO, HOO, (RU, RU, RU) tão forte e profundamente quanto possível. Cada vez que seus pés tocarem o chão, deixe o som do mantra martelar forte no seu centro sexual. Dê tudo que puder, não segure nada.

Quarto Estágio: 15 minutos

Pare! Congele onde quer que você esteja, na posição que você estiver. Permita que seu corpo fique absolutamente estático, ajeitar seu corpo quebra a energia, não se mova de maneira nenhuma. Uma tossida, um movimento, qualquer coisa, dissipará o fluxo da energia e o esforço estará perdido. Seja uma testemunha a tudo que aconteça com você.

Quinto Estágio: 15 minutos

Celebre através da dança, expressando sua gratidão para com o todo. Carregue sua felicidade com você pelo resto do dia.

Se você não pode fazer barulho onde você está meditando, há uma maneira alternativa: Ao invés de lançar os sons para fora, deixe que a catarse do segundo estágio aconteça inteiramente através dos movimentos do corpo. No terceiro estágio, o som HOO, HOO, HOO (RU, RU, RU) pode ser martelado silenciosamente por dentro. Fonte https://www.osho.com/pt/meditation/active-meditations/dynamic-meditation

MEDITAÇÃO DO SOM

Meditação do Som conhecida como Nāda Yoga se inicia com a observação de um som específico externo, podendo ser uma música, por exemplo observar a flauta de uma música, o sino marcando o tempo de uma música, ou, os sons da natureza como os pássaros cantando, o vento batendo nas folhas das árvores e um som de cachoeira ou se estiver dentro de uma sala em casa ou apartamento, inicie observando os sons dos aparelhos, o som que vem da parte externa e comece a voltar a atenção para mais próximo até que o alvo seja seu próprio corpo. Neste momento a atenção deixa os espaços externos e se concentra cada vez mais para o interior do corpo. Começamos a liberar os pensamentos, liberar as emoções, e a atenção vai focalizando o som dos batimentos cardíaco, o som da respiração, até o momento em que o som se torna sem vibração se manifestando o "Ultimate Sound", o OM.

MEDITAÇÃO DO EU SOU

"Meditação no Ser é a tradução para o sânscrito atma vichara. Significa "investigar" a nossa verdadeira natureza, para encontrar a resposta para o "Quem sou eu?", pergunta que culmina com o conhecimento íntimo de nosso verdadeiro Eu".

Esta meditação foi inspirada pelo indiano Ramana Mararshi no século 20. Professores da atualidade empregam esta técnica um deles é o famoso Mooji e Eckhart Tolle. Considerada uma prática simples e sutil.

É o Ego (senso de mim mesmo), que está na maioria do tempo no controle, nas emoções, memórias e percepções e mesmo assim "não está claro sobre o que este "Eu" é –

sobre quem realmente somos, em essência – confundindo-se com o nosso corpo, a nossa mente, nossos papéis, nossos rótulos"

A pergunta básica é "Quem sou eu?" Questionada dentro de si mesmo. Neste momento "você deve rejeitar quaisquer respostas verbais que podem vir, e usar essa questão simplesmente como uma ferramenta para corrigir a sua atenção na sensação subjetiva de "Eu" ou "Eu Sou".

Siga o passo a passo:

Passo 1. Prepare um local adequado sem muito barulho se você for iniciante. Não é necessário incenso, japamalas, cristais, apenas você com você mesmo. Defina quanto tempo irá se dedicar a esta prática. Se preferir coloque um despertador por perto.

Passo 2. Sente-se confortavelmente. Não precisa ser em lotus, apenas mantenha a coluna ereta e feche os olhos.

Passo 3. Foque na respiração para trazer a consciência do corpo e pergunte mentalmente QUEM EU SOU? Inspire e ao soltar o ar pergunte QUEM EU SOU? Não se prenda a nenhuma resposta que vier ou tente achar uma resposta racionalmente. Não faça associação nenhuma com o que você conheça. Apenas siga inspirando e perguntado "Quem sou eu?", para trazer a atenção de volta para o sentimento subjetivo de si mesmo, da presença. É pura existência, sem objeto e consciência sem escolha. É bem complexo mesmo. Mas é simples, entende? Quanto mais simples, mais complexo."

Passo 4. Finalize com sentimento de gratidão sabendo que se você ainda não encontrou resposta desta vez, siga com a prática se perguntando "Quem sou eu?".

Esta meditação é muito poderosa apesar de simples. Lhe trará paz e liberdade interior como você jamais teve um dia.

MEDITAÇÃO DO CIRCULO MÁGICO

Esta meditação tem sua base nos ensinamentos do Livro de Ouro de Saint Germain. No livro ele ensina várias técnicas de proteção da nossa energia, do nosso corpo, da nossa casa e a meditação que vamos apresentar aqui tanto serve para entrar em transcendência quanto para sua proteção diária.

A meditação do Círculo mágico é bem simples:

Passo 1. Sente-se em uma posição confortável de pernas em lotus ou com os pés apoiados no chão.

Passo 2. "Use as duas mãos e junte as pontas do seu dedinho e o dedo anelar na ponta do polegar. Mantenha o dedo dianteiro e médio juntos e apontando para cima, formando uma tríade chamada Mudra Prana conhecido como "Gesto da Força da Vida". Este mudras tem o poder de renovar a força vital do corpo, fechando o campo eletromagnético de energias de baixa vibração externas.

Passo 3. Permaneça durante 45 minutos sentado ou em pé nesta posição ou utilize respeitando a faixa etária um minuto para cada ano de vida.

MEDITAÇÃO DO SOL

Esta meditação foi canalizada durante um exercício em grupo. Ela veio com o objetivo de limpar e energizar os chakras e toda a aura do praticante. Ela é silenciosa e proporciona uma verdadeira restauração dos centros de energia sutis do corpo do ser. A melhora da frequência vibracional é visível fisicamente na alegria de viver elevada, na disposição para as atividades do dia a dia, o magnetismo pessoal aumenta, e seus relacionamento se tornam muito mais prazerosos e gratificantes.

Uma meditação muito simples, porém, exige imaginação para visualizar a sequência que vamos apresentar abaixo:

1. Sente-se confortavelmente. Não precisa ser em lotus, apenas mantenha a coluna bem ereta e feche os olhos.
2. Imagine o sol. Traga a lembrança do sol mais brilhante, forte e radiante que já viu um dia em sua existência e pendure-o a cima da sua cabeça e deixo-o aí até o fim da meditação. Mantenha-o fortemente brilhante.
3. Tome consciência dos 07 chakras em seu ser de baixo para cima.
4. Faça uma cópia do sol que você pendurou a cima da sua cabeça e leve rapidamente e amorosamente ao seu chakra básico no início da coluna perto do cóccix e o aí. Vá imaginando que a luz do sol vai fazendo uma varredura de limpeza e energização neste local.
5. Imagine uma outra cópia no chakra do umbigo. Repita o mesmo procedimento descrito a cima para limpar e energizar o chakra sexual. Deixe o sol aí e vá para o próximo.
6. Agora é a vez do chakra do plexo solar na boca do estomago. Traga uma cópia do sol que você fixou no alto da sua cabeça e pouse-o no centro do

estomago e deixe que ele faça a limpeza e energização deste chakra também.

7. Passamos para o chakra do coração, o cardíaco. Traga uma cópia idêntica à do sol do topo da sua cabeça e encaixe no seu centro cardíaco. Permita que ele limpe memórias desagradáveis e cure relacionamentos difíceis para que seja mais fácil o perdão. Deixe-o agindo aí e suba para o próximo.

8. O chakra laríngeo terá seu desbloqueio, limpeza e energização com esta meditação. Assim sua criatividade e comunicação fluirão bem melhor. Recorra ao sol no topo da sua cabeça, pegue uma cópia dele e deixe agir no centro da garganta e aproveite para criar.

9. Vá gentilmente ao sol no alto da sua cabeça e traga mais um sol, agora para abrir sua visão limpando o terceiro olho, o seu chakra central. Deixe limpar sua visão. Para que sua visão se expanda. Deixe-o energizando toda sua face, olhos ouvidos, olfato e assim, abra mais espaço para intuição e aumente sua percepção.

10. Imagine agora que os 7 sois, nos 7 chakras se unificam e criam uma energia dourada a sua volta, dentro e através de você. À medida que você inspira e expira essa energia dourada toma conta de todo seu corpo e de toda sua energia. Inspire e expire e expanda essa energia para todos os lados aumentando sua esfera de luz dourada.

11. Quando se sentir confortável vá trazendo sua atenção para o corpo físico, para o espaço onde você está sentado e abra os olhos devagar.

Assim você finaliza esta meditação se sentindo totalmente renovado para continuar sua jornada aqui e lá.

MEDITAÇÃO DO CÃOZINHO DE PANO

Esta meditação é bem simples e assim como as outras poderá ser utilizada com as crianças.

Siga o passo a passo:

Passo 1. Relaxe em um local tranquilo com música própria para meditação ou apenas no silencio.

Passo 2. Use sua imaginação: de olhos fechados imagine que você é um cachorrinho de pano, bem molinho e solto pelo chão.

Passo 3. Sinta cada parte do corpo bem solta, as pernas, a barriga, as mãos, os braços, os ombros, as orelhas o nariz, o pescoço e a cabeça. Tudo está solto no chão.

Passo 4. Solte-se cada vez mais e aproveite este estado de super relaxamento.

Passo 5. Permaneça alguns minutos e ao retornar agradeça pela oportunidade.

MEDITAÇÃO DA RESPIRAÇÃO

Essa técnica de meditação, baseada no "mindfulness", é bem simples. Peça para a criança se sentar confortavelmente e se concentrar no ar que entra e no ar que sai".

Veja como:

"Feche seus olhos e se concentre na sensação - o ar que entra friozinho pelo seu nariz e enche o seu peito. "Depois sai, esvaziando o peito, e passa quentinho, saindo do nariz. Ar entra. Um, dois, três. Ar sai. Um, dois, três".

MEDITAÇÃO DA ESCADA

Esta meditação é um guia para a oportunidade de reencontro, poderíamos dar várias sugestões de reencontro como reencontrar o pai, matar a saudade de um ente querido que já se foi ou mesmo o encontro com a alma gêmea ou o reencontro com você mesmo no seu interior, embora iremos deixar que você embarque nesta viagem sem pré-expectativa do que irá acontecer. Vamos deixar para que ao iniciar esta meditação o seu ser mais inteligente lhe traga o que você está procurando. Que esta prática conecte você a uma experiência inédita e edificante como o divisor de águas em sua jornada.

Siga o passo a passo e descubra:

Passo 1. Coloque-se em uma posição confortável, podendo ser sentado apoiando os pés no chão ou em forma de Lótus.

Passo 2. Inspire e Expire lenta e profundamente, soltando o ar pelas narinas bem devagar.

Passo 3. Imagine-se diante de uma escada. Olhe para esta escada e tome consciência de seu formato, sua cor, textura e longitude. Suba o primeiro degrau olhando para baixo e visualizando seus pés na escada. Sinta o contato dos seus pés na escada. Continue a subir observando o trajeto com prazer. Traga o sentimento de cada degrau ser um nível mais próximo de uma grande descoberta. Mantenha-se curioso e alegre em relação a chegada. Você está quase no topo da escada e percebe nuvens ao seu redor e se dá conta que subiu bastante. Você se alegra cada vez mais, pois sabe no seu interior que esta jornada lhe trará muita satisfação.

Passo 4. Chegou. Agora você se depara com um cenário inédito em sua vida. São imagens e sons tão diferentes e deslumbrantes que fazem você sorrir e encher os olhos de brilho. Neste momento chega perto de você um ser. Vocês se olham amorosamente, se comtemplam e se abraçam de forma fraternal e incondicionalmente emanam a mais pura energia. Vocês se afastam e este ser diz que você poderá lhe fazer uma pergunta, qualquer pergunta que quiser, pois ele tem a resposta para todas as perguntas dos universos. Você para, pensa um instante e faz a pergunta somente com o olhar e ele entende. Ele pega um papel antigo enrolado e amarrado com uma fita azul e lhe entrega pedindo que não abra ainda.

Passo 5. Você percebe que é hora de voltar. Se despede deste ser maravilhoso e vai retornando pelo caminho feito para a subida. Ao descer você percebe que seus sentidos mudaram. Está tudo mais claro para você agora. Direciona o olhar para os lados e vê que não havia percebido a beleza do lugar antes, as flores, as borboletas voando, o som da cachoeira, água caindo e deslizando sobre as pedras. Não havia percebido todo o colorido, a grama verdinha e fresca sob seus pés. Para aproveitar esta nova faze você olha para o lado direito e escolhe um lugar para se sentar. Coloca o papel recebido do seu lado, cruza as pernas, fecha os olhos, inspira, expira e mergulha no silencio interior fundido ao som da natureza ao seu redor invadido pelo sentimento de plenitude adquirido então.

Assim você permanece o tempo suficiente para voltar e continuar conscientemente sua emocionante jornada aqui na terra.

MEDITAÇÃO AMIGUINO MAGO

Esta meditação embora seja indicada para crianças, poderá ser realizada por qualquer pessoa de qualquer idade:

Em casa, os próprios pais podem propor o momento de relaxamento e meditação. Basta orientar que a criança se sente confortavelmente e ouça suas palavras. A seguir, confira um exemplo de meditação para crianças, fornecido pelo professor João Carlos Soares, do Yoga com Histórias. Narre à criança, de forma calma e pausada:

Feche seus olhos e me acompanhe nessa jornada! Sinta seu corpo confortável, suas costas esticadas e seu rosto completamente relaxado.

Respire bem devagar como se seu corpo fosse um imenso balão a se encher. Solte o ar devagar como se o seu corpo fosse um imenso balão a se esvaziar.

ENCHA O BALÃO. ESVAZIE O BALÃO,
ENCHA O BALÃO. ESVAZIE O BALÃO,

Agora, sua mente está tranquila e pronta para passear pelo mundo da imaginação. Gostaria de lhe apresentar um amigo muito especial! Um antigo mago, que viajou por toda a Índia e aprendeu muitas coisas interessantes. Com suas barbas compridas e bochechas rosadas, sempre foi respeitado por todos, em todos os lugares do mundo, pois seus poderes mágicos, sua sabedoria e sua bondade já ajudaram muitas e muitas pessoas.

Ele traz com ele uma pedra, coloca em suas mãos e pede para que você a segure. Sinta a pedra com suas mãos. Toque, explore. Sinta sua forma. Sinta sua textura. Sinta sua temperatura. Perceba se ela é lisa, quente ou fria, grande ou pequena. O mago pede que você segure a pedra com as duas mãos e sinta tudo que você consegue perceber. Esta pedra foi criada pela Mãe Terra há muito, muito tempo atrás e traz dentro dela a força de todo este tempo: uma grande e poderosa energia!

Perceba que, ativada pelo toque de suas mãos, pelo seu poder pessoal, toda esta força se ativa, torna-se novamente viva. Sinta como a pedra brilha intensamente. Perceba que ela se transforma em um lindo cristal. O cristal tem o poder de enviar energia para todo o seu corpo! Sinta seu corpo forte e vivo! Sinta seus pensamentos tranquilos e inteligentes. Sinta a força viva dentro de você.

Perceba que a energia de todas as coisas da vida também está presente dentro de você. E sentindo toda esta magia dentro de você, permaneça em silêncio [pausa de alguns minutos].

Agora, perceba novamente sua respiração, seu corpo e vá retornando lentamente. Namastê. Tudo de bom para você. Tudo de bom para mim. Tudo de bom para todos nós. (https://revistacrescer.globo.com/Crianças/Saúde/noticia/2017/10/meditacao-para-criancas-conheca-importancia-e-os-beneficios-da-pratica.html)

MEDITAÇÃO GUIADA

Meditação guiada é quando você escolhe uma pessoa para conduzir você na prática. Todas as meditações que foram apresentadas a cima se alguém estiver lhe instruindo torna-se guiada.

Abrir um canal de vídeo da internet e escolher uma meditação para um objetivo específico e deixar-se conduzir pelas instruções dadas é Meditação Guiada.

Os efeitos são muitos bons e auxilia bastante quem é iniciante, embora com o tempo a necessidade de entrar no silencio seja fundamental.

Solte-se das muletas, abandone os remos e mergulhe fundo. Você irá se surpreender.

MERGULHEI, E AGORA?

O próximo passo é continuar praticando, com este mesmo movimento que te trouxe até aqui a expectativa da chegada do grande milagre:

A espera de um milagre - Em que área da sua vida você espera um grande milagre? Estamos vivendo dentro de uma reforma planetária intensa, onde as catástrofes tiram a vida das pessoas amadas. Um momento onde as finanças dos países estão quebrando-se e a mídia dá ênfase ao medo para grande maioria das pessoas.

Sentindo na pele no dia a dia os efeitos de tantas mudanças, realmente eu acredito que devemos crer em um Milagre Urgente.

Quantas pessoas vivem à ``espera de um milagre``? Há pessoas que de alguma maneira estão atentas ao global e não focadas apenas na face escura decididas a reaprender a viver contribuindo mais com o Todo.

Outras pessoas, também esperam o milagre, enxergam o global e se fecham para o todo com a ingênua ideia de que assim estarão protegidas em seus minis ou mega palácios, adeptas dos antigos ditados ``o que é meu é meu``, ``cada um por si e Deus por todos``.

Os milagres esperados são diversos: ter uma boa saúde para conseguir dormir as noites sem as tarjar vermelhas ou pretas; respirar leve sem contar com os muitos quilos do sobrepeso da obesidade; Ser livre da imposição de medo diária no ambiente de trabalho que descarrega seu próprio medo da crise como autoproteção; Ter uma equipe que consiga ir além de toda a negatividade em que anda imersa para gerar os resultados esperados; que o milagre casamenteiro diga o sim; outras pessoas esperam o milagre de ter família unida ao laço que segura a harmonia e a felicidade entre todos do clã.

Os milagres desejados variam de acordo com cada indivíduo, embora o milagre essencial não se compre e não venha de nenhuma fonte externa ou mesmo de alguma outra pessoa. Este milagre flui de algo Supremo, uma fonte que nunca se esgota e jamais impõe coisa alguma, oprime, condena ou reprime a qualquer um de nós seres humanos.

Este Milagre jorra de cima para baixo e de baixo para cima nos permitindo ver além. Este milagre pode ser chamado de Amor, de Luz, Energia Universal, de Deus, de Criador, de Consciência Pura, de Eu Sou, o nome não importa desde que possamos sentir esta possibilidade como fato. Esta fonte de plenitude de Amor Supremo capaz de nos tomar e nos tornar unos com esta força. Entrar nesta consciência nos permite encontrar maneiras de reaprender viver, vivendo, encontrando as formas para viver saudável longe de todas as tarjas que antes pareciam insubstituíveis.

Imersos nesta força Amorosa, levamos os olhos ao nosso corpo físico e o enxergamos como um parceiro, um veículo fundamental no percurso rumo ao destino. É com esse Amor que olhamos para quem oprime e impõe medo a outrem e nos perguntamos: ``qual a minha responsabilidade nisto também``? Quanto esta pessoa sofre para agir desta maneira? Assim, invocamos a nossa própria cura para enxergarmos as milhões de possibilidades de entrar numa nova realidade.

É com base neste Amor que proponho observar o desempenho da equipe e nos perguntamos: como posso obter resultados agindo da maneira que venho agindo com essas pessoas? Qual a minha responsabilidade nisto também? Enfim, na lista infinita dos milagres desejados estão a emagrecer, engravidar, casar, prosperar, se curar, amar, ser amado, ser reconhecido, parar de sofrer e chorar. Pense comigo um instante, viver mais feliz só depende de como estamos abrindo espaço para a consciência do Amor atuar em nós mesmos.

O grande Milagre, o Milagre essencial deve brotar primeiro dentro de nós. Este Amor é o grande milagre que a humanidade está faminta e sedenta. Creia! Há muito Amor aqui. Ele está dentro de você, de cada ser. Deixe-o ir crescendo e tomando conta de todo seu próprio espaço e verás no espelho que não precisa viver ``a espera de um Milagre'' pois, o grande milagre aqui é você. Shalom!

Que suas primeiras práticas sejam o alicerce para uma jornada evolutiva onde meditar se torne cada vez mais prazeroso, essencial e tão rotineiro para você quanto tomar seu saboroso café da manhã.

NAVEGAR COM TRANQUILIDADE

ERA UMA VEZ... EU ME PERGUNTEI: COMO DESCANSAR EM DEUS? Recebi esta pergunta hoje e quero compartilhar com você. Enquanto eu realizava algumas tarefas aqui em casa, enquanto eu limpava a mesa de vidro e o pano com detergente ia para lá e para cá, eu me perguntava: COMO DESCANSAR EM DEUS, e o que me veio na mente foi que descansar em Deus é desapegar-se. E desapegar-se NÃO SIGNIFICA NÃO DAR IMPORTÂNCIA OU DEIXAR DE AMAR. Desapegar é soltar. É saber que você está fazendo o que tem de ser feito, na hora em que tem de ser feito, desejando o melhor, fazendo o seu melhor e aí entregar o resultado para Deus. Muitas vezes nos deparamos com um familiar doente, ou com qualquer outro tipo de problema e não sabemos como de fato ajudar, pois, ele é um indivíduo tem suas próprias crenças, valores e hábitos. Ou, um amigo nos pede ajuda e não conseguimos fazê-lo ver o quadro todo. Para a nossa vida, temos planos, objetivos, metas e queremos realizar, queremos ser reconhecidos e acabamos fazendo milhares de coisas durante a semana, mês ou anos esperando que os resultados apareçam. Descansar em Deus é Soltar, assim como diz o professor de Física Quântica Hélio Couto, ``Solta que Vem``. Então, vamos fazer o que tem de ser feito, dando o seu melhor, com intenções limpas. Soltar, pois, o Universo sempre vai trazer a mesma frequência de vibração que você envia. ``Tudo o que vai, volta``. A mesma vibração que emitimos com nossas ações, pensamentos, intensões irá voltar na mesma qualidade.... Vamos supor que você escreveu a lápis que deseja um emprego para trabalhar nas Casas Bahia, jogou este desejo para o universo, e de repente você consegue uma vaga nas Pernambucanas. Por mais que não seja exatamente o que você escreveu no seu pedido a lápis, o que vale é o sentimento gerado em você. Por mais que a circunstâncias sejam diferentes, mas se as emoções, a sensação de satisfação em estar trabalhando nas Pernambucanas forem te gerando o sentimento de satisfação e de gratidão, é muito valioso.

Descasar em Deus, não é uma tarefa fácil, é um exercício diário, pois, ainda temos o nosso Ego, aquele nosso lado sombra tentando sabotar nossa motivação quando queremos permanecer pensando positivo, vibrando alto, mas automaticamente vem a interferência do Ego. Por exemplo, quando vamos falar com alguém e o diálogo não dá certo ficamos frustrados dizendo para nós mesmos ``caramba, eu estou fazendo tudo certinho e porque aquela pessoa agiu desta forma conosco``? Temos crenças arraigadas, paradigmas que as vezes nem estamos conseguindo enxergar. Será que você está conscientemente neste exato momento? Como está o nosso subconsciente agora? O que existem de limitações em nosso subconsciente? O que podemos acessar se estivermos atentos às dimensões existentes? Com tudo isto, eu creio em uma inteligência, muito maior, uma inteligência que está além do nosso controle cognitivo, além de acreditarmos que é certo ou errado.

Desapegar-se é saber também que estamos interligados a tudo e a todos.

Descansar em Deus, mas, sem deixar de fazer o que nos cabe, com desejo e a certeza absoluta do direito de realizar nossos sonhos mais lindos.

Descansar em Deus é Seguir com este propósito: FAZER O QUE TEM DE SER FEITO, NA HORA QUE TEM DE SER FEITO E DANDO O MELHOR SEMPRE, atentos aos pensamentos, as intenções, aos julgamentos e as atitudes. DESAPEGAR, SEM DEIXAR DE AMAR.

"O FIM É APENAS O COMEÇO"

ENTREGUE
Soltar os laços
Diminuir o ritmo dos passos
Atentar para a respiração
Inspirar as bênçãos
Expirar a Gratidão

O alvo sempre no coração
No pulsar leve e humanitário
Na cadência do subir e descer do pulmão
O relógio descompassa o tempo real da missão
Só o ajuste ajuda a melhorar a visão

O descontente oculto ganha outra forma
Move-se na beleza, na sutileza
Volta Sorridente, centralizado, apaziguado
Então vê o círculo todo, até mesmo cada triangulo

Desapegado, libertado, iluminado
Agora, conectado ao corpo e a alma de que é formado.

(Sandrà Staff)

REFERENCIAS

LIVROS:

- HANH, Thich Nhat. O milagre da mente alerta - Para viver em paz

- TOLLE, Eckhart. O poder do agora.

- CAIRO, Cristina. Linguagem do Corpo

- HAY, Louise. Você pode curar sua vida

- LEITE, Cássio de Arantes e GOLEMAN Daniel. A ciência da meditação - Como transformar o cérebro.

- BERTINATTO, Candido. Apostila - nível 1 Usui Shiki Ryoho Reiki.

- BERTINATTO, Candido. Apostila - nível 2 Usui Shiki Ryoho Reiki.

- BERTINATTO, Candido. Apostila - nível 3a Usui Shiki Ryoho Reiki.

- BERTINATTO, Candido. Apostila - nível 3b Usui Shiki Ryoho Reiki.

- DE' CARLI, Johnny. Reiki Universal

SITES:

- TRANSCENDENTAL, Meditação. Disponível em: https://meditacaotranscendental.com.br. Acesso em 10 de outubro de 2019.
- TRANSCENDENTAL, Meditação. Desenvolvimento Cerebral - Maior uso das reservas latentes do cérebro. Disponível em: https://meditacaotranscendental.com.br. Acesso em 15 de outubro de 2019.

- TRANSCENDENTAL, Meditação. Motivos para meditar. Disponível em https://meditacaotranscendental.com.br/8-motivos-para-meditar/referencias. Acesso em 02 de dezembro de 2019.

- ZAYAS, Julia. Meditação Mindfulness. Disponível em: https://www.eusemfronteiras.com.br/o-que-e-mindfulness-ou-atencao-plena/. Acesso em: 07 de janeiro de 2020.

- FLETCHER, *Luiza.* O Segredo. Disponível em: https://osegredo.com.br/25-citacoes-de-um-mestre-budista/. Acesso em: 25 de março de 2018.

- PEQUENOS YOGIS. *Meditação para adolescentes. Levando a prática para a sala de aula. Disponível em:* http://www.pequenosyogis.com.br/blog/meditacao-em-sala-de-aula-para-adolescentes. Acesso em 30 de janeiro de 2020.

- KRISHNA, Emily. Disponível em: https://segredosdomundo.r7.com/osho/. Acesso em 11 de novembro de 2019.

- CARVALHO, Marcos Ubirajara de, CAMARGO. O Sutra da Flor de Lótus da Lei Maravilhosa. Disponível em file:///C:/Users/sandra/Downloads/sutra-da-flor-de-lotus-arquivo.pdf. Acesso em 01 de outubro de 2018.

- MINDFULNESS para el mundo. Disponível em: https://www.praticasalternativas.com/meditacao.php. Acesso em 20 de setembro de 2019.

- PRIMAVESI, Juliano. Disponível em: https://riquezasemlimites.com.br/tecnicas-para-meditacao-aprenda-as-23-tecnicas-de-meditacao-mais-eficazes/. Acesso em 03 de fevereiro de 2020.

- MATH, Rama Krishna. Mission, Rama Krishna, BELUR Disponível em: https://www.youtube.com/watch?v=OrJceBArAMI. Acesso em 30 agosto de 2019.

- NIRAVA GU labo Beth. Swami Bhajanananda. Disponível em: https://www.pensador.com/frase/MTk5MDU3MQ/. Acesso em: 05 de julho de 2019.

- MEDITAÇÃO. Disponível em: https://www.brahmakumaris.org.br/o-que-fazemos/meditacao/o-que-e-a-meditacao-raja-yoga. Acesso em: 20 de fevereiro de 2020.

- FRASES DE YOGANANDA. Disponível em: https://www.pensador.com/frases_de_yogananda/. Acesso em: 20 de fevereiro de 2020.

- CENTRO MUNDIAL DE SERVIÇOS COMUNITÁRIOS. Disponível em: https://vethathiri.edu.in/about-maharishi/. Acesso em 25 de fevereiro de 2020.

- FRASES DE DALAI LAMA. Disponível em: https://www.pensador.com/autor/dalai_lama/. Acesso em 28 de fevereiro de 2020.

- LAPA, Hugo. Método silva de controle mental. Disponível em: https://hugolapa.wordpress.com/2011/07/05/metodo-silva-de-controle-mental/. Acesso em: 20 de fevereiro de 2020.

- ANJOS, dos Fatima. Disponível em: https://portalarcoiris.ning.com/m/group/discussion?id=2899738%3ATopic%3A1470110. Acesso em 13 de janeiro de 2020.

- PROPHET, Elizabeth Clare. Eu sou o que eu sou. Disponível em: http://www.grandefraternidadebranca.com.br/sobre_a_chama_da_liberdade.htm. Acesso em 14 de fevereiro de 2020.

- SHANKARA, Sandro. Meditando com os Mantras. Disponível em: https://yoginapp.com/dicas-para-iniciar-pratica-de-mantras/#axzz5Cgre1aMY. Acesso em: 09 de janeiro de 2019.

- Mello, Rafaela de Campos. Aprenda como praticar a técnica de medição de Osho. Disponível em: https://casa.abril.com.br/bem-estar/aprenda-como-praticar-a-tecnica-de-medicao-de-osho/. Acesso em 15 de maio de 2018.

- VIEIRA, Maria Clara. Meditação para crianças: conheça a importância e os benefícios da prática. Disponível em: https://revistacrescer.globo.com/Criancas/Saude/noticia/2017/10/meditacao-para-criancas-conheca-importancia-e-os-beneficios-da-pratica.html. Acesso em: 15 de agosto de 2017.

- GOLDSMITH, Joel. The Infinite Way. Disponível em: http://www.joelgoldsmith.com/. Acesso em 28 de fevereiro de 2020.

- PRIYANCA, Shah. 11 Facts Swami Chinmayananda You Probably Don't Know. Disponível em: https://topyaps.com/11-facts-swami-chinmayananda/. Acesso em: 30 de outubro de 2019.

- KRIPALANI, Dada Lekhraj. Imagem disponível em: https://i.pinimg.com/originals/e7/ed/1e/e7ed1e10ec473301bf91018819ec9a5c.jpg. Acesso em: 26 de fevereiro de 2020.

- UM YOGUE NA VIDA & NA MORTE. Disponível em: http://pranandaji.blogspot.com/2013/02/introducao.html. Acesso em: 23 de fevereiro de 2020.

- ABBAD, Roosevelt Carlos. Um pouco sobre o príncipe Sidarta Gautama. Disponível em: https://www.curaeascensao.com.br/topicos-inicial-site/curiosidades/curiosidades_arquivos/curiosidades46.html. Acesso em 30 01 de 2020.

- COMUNIDADE ZEN DO BRASIL. Monja Coem Roshi. Disponível em: https://www.zendobrasil.org.br/quem-somos/monja-coen-roshi/. Acesso em: 18 de janeiro 2020.

Quem é a Dra. Sandrà Staff?

- Dra. em Neurociências pela universidade Martin Lutero de Miami na Flórida - EUA.
- Especialista em Neurociências e Aprendizagem.
- *Coach* Pela Febracis.
- Formada em Administração de Empresas.
- Terapeuta Helenari Healing Sistem.
- Terapeuta em Florais de Bach.
- Terapeuta Cabalista.
- Consteladora Sistêmica Familiar
- Master em Reiki Usui.
- Master em Hipnose Clínica.
- Numeróloga Cabalista.
- Psicoterapeuta.
- Hipnóloga Clínica.
- Neurocientista.

As atuações da Dra. Sandrà Staff:

- ▶ Há 9 anos ajudando as pessoas nos mais variados tipos de problemas, como relacionamento, problemas emocionais, espirituais.
- ▶ Já formou mais 3 000 alunos e já ajudou, em média, 6 mil pessoas em atendimentos, aulas, treinamentos e trabalhos sociais.
- ▶ CEO da Escola dos Terapeutas.
- ▶ Autora de 5 Livros: *Roma Meu, Portais e Con-ciência do Amor, O Poder dos Mantras e Con-Ciência do Equilíbrio.*
- ▶ Coautora de 2 livros – *Alma Estrelada e 3.°Ato.*

Como Ativista Consciencial, acredito que todo ser humano deve dar-se a oportunidade de melhorar sua mente, seu corpo e seu ambiente.

EXTRAVAZAR

Deixe o AMOR extravasar.... Percorrer estradas, navegar em altos mares, voar livre e alcançar os que O querem.

Deixe o AMOR invadir os seios, penetrar as entranhas e transformar as faces, até fazer o caminho de volta a ELE.

(Por: Sandrà Staff)